能源企业财务从业人员
知识读本

能源企业财务从业人员知识读本编委会　编

机 械 工 业 出 版 社

本书由全国规模最大的能源企业的财务从业人员结合全球能源发展形势以及企业发展实际情况编写而成，内容涵盖国内外经济形势、政策环境，能源企业财务管理方向及措施，财务管理、税法、经济法、金融等相关专业知识。内容实用，重点突出，旨在为我国能源企业打造一流的财务管理，建设一流的财会队伍提供参考。

本书既适合能源企业财务人员的日常学习，也适合非财务经理人、部门主管的知识普及，还适合有一定的财务基础知识的人士参考。

图书在版编目（CIP）数据

能源企业财务从业人员知识读本/能源企业财务从业人员知识读本编委会编. —北京：机械工业出版社，2020.7（2023.11 重印）
ISBN 978-7-111-65806-1

Ⅰ. ①能… Ⅱ. ①能… Ⅲ. ①能源工业 – 工业企业管理 – 财务管理 – 基本知识 – 中国 Ⅳ. ①F426.2

中国版本图书馆 CIP 数据核字（2020）第 095140 号

机械工业出版社（北京市百万庄大街 22 号　邮政编码 100037）
策划编辑：刘晓宇　责任编辑：刘晓宇　邵 蕊
责任校对：曹胜玉　封面设计：桑晓东
北京联兴盛业印刷股份有限公司印刷
2023 年 11 月第 1 版第 3 次印刷
170mm×230mm · 12.5 印张 · 199 千字
0001—1000 册
标准书号：ISBN 978-7-111-65806-1
定价：38.00 元

电话服务　　　　　　　　　网络服务
客服电话：010-88361066　　机　工　官　网：www.cmpbook.com
　　　　　010-88379833　　机　工　官　博：weibo.com/cmp1952
　　　　　010-68326294　　金　　书　　网：www.golden-book.com
封底无防伪标均为盗版　　　机工教育服务网：www.cmpedu.com

前　言

党的十九大报告指出，我国经济已由高速增长阶段转向高质量发展阶段，正处在转变发展方式、优化经济结构、转换增长动力的攻关期。必须坚持质量第一、效益优先，着力加快建设实体经济、科技创新、现代金融、人力资源协同发展的产业体系。因此，能源产业必须着力推进能源生产和消费革命，构建清洁低碳、安全高效的能源体系，着力深化国有企业改革，发展混合所有制经济，培育具有全球竞争力的世界一流企业。

按照建设世界一流企业的总体战略要求，加强财务队伍建设，打造世界一流的财务队伍，是各大型企业当前以及今后一段时期的重要任务之一。

本书由全国规模最大的能源企业的财务从业人员结合全球能源行业发展形势以及企业发展实际情况编写而成，内容涵盖国内外经济形势、政策环境，能源企业财务管理方向及措施，财务管理、税法、经济法、金融等相关专业知识，旨在为我国能源企业提高财务管理水平，加强财会队伍建设提供借鉴和参考。

目　录

前言

综合知识篇

第一章　概论 ... 2
　第一节　国企改革指导思想 ... 2
　第二节　能源行业发展现状及趋势 ... 7

第二章　战略与风险 ... 9
　第一节　战略与战略管理 ... 9
　第二节　战略分析 ... 10
　第三节　战略选择 ... 13
　第四节　战略实施 ... 15
　第五节　公司治理 ... 17
　第六节　风险与风险管理 ... 20

专业知识篇

第三章　会计 ... 24
　第一节　会计的概念、职能及特点 ... 24
　第二节　会计基础理论 ... 25
　第三节　会计要素及其确认与计量属性 ... 27
　第四节　存货 ... 29
　第五节　固定资产 ... 32
　第六节　无形资产 ... 36
　第七节　投资性房地产 ... 38
　第八节　资产减值 ... 42

  第九节 负债 ························ 45

  第十节 职工薪酬 ······················ 46

  第十一节 借款费用 ······················ 47

  第十二节 或有事项 ······················ 48

  第十三节 金融工具 ······················ 51

  第十四节 政府补助 ······················ 54

  第十五节 非货币性资产交换 ················ 55

  第十六节 租赁 ·························· 57

  第十七节 长期股权投资及合营安排 ············ 60

  第十八节 财务报告 ······················ 60

  第十九节 资产负债表日后事项 ··············· 61

  第二十节 企业合并 ······················ 64

  第二十一节 合并财务报表 ·················· 64

第四章 财务管理 ···························· 69

  第一节 财务管理的基本原理 ··············· 69

  第二节 财务报表分析和财务预测 ············ 71

  第三节 价值评估基础 ···················· 73

  第四节 资本成本 ······················ 75

  第五节 投资项目资本预算 ················ 77

  第六节 债券、股票价值评估 ··············· 81

  第七节 期权价值评估 ···················· 84

  第八节 企业价值评估 ···················· 86

  第九节 资本结构 ······················ 87

  第十节 长期筹资 ······················ 90

  第十一节 股利分配、股票分割与股票回购 ······ 93

  第十二节 营运资本管理 ·················· 95

  第十三节 产品成本计算 ·················· 97

  第十四节 标准成本法 ···················· 100

  第十五节 作业成本法 ···················· 103

第十六节　本量利分析 106
　　第十七节　短期经营决策 111

第五章　经济法 113
　　第一节　法律基本原理 113
　　第二节　基本民事法律制度 114
　　第三节　物权法律制度 117
　　第四节　合同法律制度 119
　　第五节　合伙企业法律制度 128
　　第六节　公司法律制度 133
　　第七节　票据与支付结算法律制度 137
　　第八节　企业国有资产法律制度 141
　　第九节　反垄断法律制度 145
　　第十节　涉外经济法律制度 146

第六章　税法 149
　　第一节　税法总论 149
　　第二节　增值税法 150
　　第三节　消费税法 154
　　第四节　企业所得税法 158
　　第五节　个人所得税法 162
　　第六节　城市维护建设税法和烟叶税法 165
　　第七节　关税法和船舶吨税法 168
　　第八节　资源税法和环境保护税法 175
　　第九节　城镇土地使用税法和耕地占用税法 179
　　第十节　房产税法、契税法和土地增值税法 181
　　第十一节　车辆购置税法、车船税法和印花税法 183
　　第十二节　税收征收管理法 185
　　第十三节　税务行政法制 187

参考文献 189

综合知识篇

第一章 概 论

第一节 国企改革指导思想

1. 坚持以习近平新时代中国特色社会主义思想为指导

习近平新时代中国特色社会主义思想,是新时代中国共产党的思想旗帜,是国家政治生活和社会生活的根本指针,同时也指引着我国经济发展的前进方向。

习近平新时代中国特色社会主义思想的核心内容是"八个明确"和"十四个坚持"。"八个明确",就是明确坚持和发展中国特色社会主义,总任务是实现社会主义现代化和中华民族伟大复兴,在全面建成小康社会的基础上,分两步走在本世纪中叶建成富强民主文明和谐美丽的社会主义现代化强国;明确新时代我国社会主要矛盾是人民日益增长的美好生活需要和不平衡不充分的发展之间的矛盾,必须坚持以人民为中心的发展思想,不断促进人的全面发展、全体人民共同富裕;明确中国特色社会主义事业总体布局是"五位一体"、战略布局是"四个全面",强调坚定道路自信、理论自信、制度自信、文化自信;明确全面深化改革总目标是完善和发展中国特色社会主义制度、推进国家治理体系和治理能力现代化;明确全面推进依法治国总目标是建设中国特色社会主义法治体系、建设社会主义法治国家;明确党在新时代的强军目标是建设一支听党指挥、能打胜仗、作风优良的人民军队,把人民军队建设成为世界一流军队;明确中国特色大国外交要推动构建新型国际关系,推动构建人类命运共同体;明确中国特色社会主义最本质的特征是中国共产党领导，中国特色社会主义制度的最大优势是中国共产党领导，党是最高政治领导力量，提出新时代党的建设总要求，突出政治建设在党的建设中的重要地位。

"十四个坚持"，就是坚持党对一切工作的领导；坚持以人民为中心；坚持全面深化改革；坚持新发展理念；坚持人民当家作主；坚持全面依法治国；坚持社会主义核心价值体系；坚持在发展中保障和改善民生；坚持人与自然和谐共生；坚持总体国家安全观；坚持党对人民军队的绝对领导；坚持"一国两制"和推进祖国统一；坚持推动构建人类命运共同体；坚持全面从严治党。

"八个明确"深刻回答了新时代坚持和发展中国特色社会主义的总目标、总任务、总体布局、战略布局和发展方向、发展方式、发展动力、战略步骤、外部条件、政治保证等一系列基本问题，从理论层面阐述习近平新时代中国特色社会主义思想的基本内涵与核心要义，相当于理论架构的四梁八柱。

"十四个坚持"则是对经济、政治、法治、科技、文化、教育、民生、民族、宗教、社会、生态文明、国家安全、国防和军队、"一国两制"和祖国统一、统一战线、外交以及党的建设等各方面做出理论分析和政策指导，明确了新时代各项事业发展的大政方针。"十四个坚持"主要从实践层面回答了怎样坚持和发展中国特色社会主义，构成新时代坚持和发展中国特色社会主义的基本方略，讲的是路径、办法。基本方略是经验的总结，是对规律的反映，是实践的指南，因此要求我们全面准确贯彻落实。

2. 以服从服务国家战略、保障国家能源安全、助力国民经济稳增长为使命

（1）国家战略部署，推进企业改革　国有企业是中国特色社会主义的重要物质基础和政治基础，是我们党执政兴国的重要支柱和依靠力量。2018年，我国企业在世界500强上榜数量为120家，其中，国资委监管的中央企业就达48家。新形势下，要做强、做优、做大国有企业，必须要坚定不移深化国有企业改革，着力创新体制机制，加快建立现代企业制度，发挥国有企业各类人才积极性、主动性、创造性，激发各类要素活力。

1）加强党建。我国国有企业的独特优势是坚持党的领导、加强党的建设。坚持党对国有企业的领导是重大政治原则，必须一以贯之；建立现代企业制度是国有企业改革的方向，也必须一以贯之。

党对国有企业的领导是政治领导、思想领导、组织领导的有机统一，发挥着把方向、管大局、保落实的核心作用。企业要把党的领导融入公司治理各环节，把企业党组织内嵌到公司治理结构之中，明确和落实党组织在公司法人治理结构中的法定地位，做到组织落实、干部到位、职责明确、监督严格。要明确党组织在决策、执行、监督各环节的权责和工作方式，使党组织发挥作用组织化、制度化、具体化。要处理好党组织和其他治理主体的关系，明确权责边界，做到无缝衔接，形成各司其职、各负其责、协调运转、有效制衡的公司治理机制。

2）目标导向。2015 年 8 月 24 日下发的《中共中央、国务院关于深化国有企业改革的指导意见》对改革目标和原则、分类推进国企改革、发展混合所有制经济、完善国资监管体制等提出了明确的意见，拉开了国资国企改革的帷幕。

习近平总书记高度重视国有企业改革工作，多次发表重要讲话，明确了深化国有企业改革的重大原则，指出推进国有企业改革要奔着问题去，坚持以解放和发展社会生产力为标准，坚持政企分开、政资分开，以增强企业活力、提高效率为中心，提高国有企业核心竞争力。

习近平总书记还提出，要有进有退、有所为有所不为，创新发展一批、重组整合一批、清理退出一批，促进国有资本向战略性关键性领域、优势产业集聚，加快国有经济战略性调整步伐。

3）勇于创新。2018 年 3 月，国务院国资委发布《关于开展"国企改革双百行动"企业遴选工作的通知》，国务院国有企业改革领导小组办公室决定选取百家中央企业子企业和百家地方国有骨干企业，在 2018—2020 年期间实施"国企改革双百行动"（以下简称"双百行动"）。

"双百行动"工作方案遵循的基本原则是：坚持问题导向、补齐短板；坚持探索创新、综合施策；坚持依法合规、一企一策；坚持全程指导、务求实效。

"双百行动"工作方案的主要目标是：在稳妥推进股权多元化和混合所有制改革方面率先突破；在健全法人治理结构方面率先突破；在完善市场化经营机制方面率先突破；在健全激励约束机制方面率先突破；在解决历史遗留问题方面率先突破；全面加强党的领导、党的建设。

"双百行动"的施行背后，是国家层面进一步深化推进国企改革，扩大覆盖

（2）落实"一带一路"，抓紧行业发展机遇　"一带一路"是我国顺应世界经济全球化、区域经济一体化的时代大潮，构建全方位开放新格局、深度融入世界经济体系，实现产业转型升级、可持续发展，谋求与沿途国家共同发展、共同繁荣的宏大倡议。核心理念是"合作共赢""五通""三共"。"合作共赢"体现着我国所倡导的新型发展观、新型合作观，是实现"共同发展、共同繁荣"的根本保证；"五通"（政策沟通、设施联通、贸易畅通、资金融通、民心相通）和"三共"（共商、共建、共享），是引领新时期全球治理的中国智慧、中国理念、中国方案的集中表达。

"一带一路"建设可为我国东西部平衡发展提供外部依托，利于我国与地区国家发展战略实现对接，促进地区国家的社会稳定，推动欧亚大陆的互联互通，推动区域经济一体化，促进新兴国家大联合，为我国加速崛起提供强大推动力。企业参与"一带一路"建设，机遇众多。

机遇一：我国快速崛起、综合国力大幅增强，具有较强的国际影响力。我国作为世界第二大经济体，是世界经济增长的主要引擎，是世界第一贸易大国、120多个国家的最大贸易伙伴。我国的富裕资金和富裕产能、相对先进的制造业技术和实力雄厚的基础设施建设能力，具有巨大的吸引力。

机遇二：我国与"一带一路"沿线国家在发展要素方面具有很强的互补性。沿线国家大多工业基础薄弱、基础设施落后，居民就业严重不足、年轻劳动力大量过剩，需要大力进行基础设施建设、发展劳动密集型产业。与"一带一路"沿线国家开展产能合作、基础设施建设合作，可以实现优势互补，符合双方的迫切需求。

随着国际能源合作的广度和深度不断拓展，电力互联互通越来越广，电网、核电、水电以及新能源发电技术装备加快"走出去"，已在国际市场占有举足轻重的地位。目前，中央企业在"一带一路"沿线承担了3 120个项目，境外资产总额超过7万亿元。

能源企业要坚持"合作共赢"理念，积极参与"一带一路"建设，制定国际化发展战略，完善国际化管控体系，推动优势技术和服务"走出去"，参与全球能源治理，加快境外优质项目开发。

（3）对标"世界一流"，提升企业竞争力　党的十九大提出"培育具有全球竞争力的世界一流企业"，明确了新时代国有企业改革发展的目标方向，这是谋划国企改革发展全局，开拓国企改革发展新局面的内在需要，也是深化供给侧结构性改革，推动经济高质量发展的必然要求，更是实现人民美好生活，建设社会主义现代化强国的重要支撑。

为贯彻落实党的十九大精神，国务院国资委明确航天科技、中国石油、国家电网、中国三峡集团、国家能源集团、中国移动、中航集团、中国建筑、中国中车和中广核集团10家中央企业为创建世界一流示范企业。

创建世界一流企业，应坚持"三个领军、三个领先、三个典范"的目标导向：在国际资源配置中占主导地位、引领全球行业技术发展、在全球产业发展中具有话语权和影响力的领军企业；在全要素生产率和劳动生产率等效率指标、净资产收益率和资本保值增值率等效益指标、提供优质产品和服务等方面的领先企业；在践行新发展理念、履行社会责任、拥有全球知名品牌形象的典范企业。

世界一流企业普遍具有的管理规律有：具有强大的企业家精神；具有优秀的公司治理结构；重视企业文化；有兼顾长远价值的优秀品牌和良好声誉；擅长以发展型战略应对复杂多变的环境；业务构建始终随着动态的环境转型；有全球化资源配置能力；有一些紧密化的、能够实现集团目标的管控体系；管理创新；人力管理激发员工的风险精神和创造力；推行战略型与价值型的财务管理。

以电力行业为例，整体来看，与国际同行相比，我国电力企业具有明显的"大而不强"的特点：

1）在资产、收入、员工等总量指标上领先于国际同行。

2）在人均资产、人均收入、人均利润等人均指标上相对落后。

3）在总资产收益率、净资产收益率、销售利润率等反映企业运行效率的指标上处于中下游水平。

4）全球资源配置能力较弱，海外资产、收入和员工占比均较低，国际品牌影响力不高。

5）资产负债率相对较高，风险控制能力相对较差，部分项目尤其是部分海外项目投资风险较大。

因此，我国电力企业需要进一步深化改革，做大做强，提升全球竞争力，向世界一流企业迈进。

第二节 能源行业发展现状及趋势

当前，我国仍处于重要战略机遇期，国内外形势复杂多变，能源革命大势所趋，市场竞争更趋激烈，能源企业面临的挑战更加严峻、任务更加艰巨。

(1) 经济下行压力的挑战 我国国民经济继续运行在合理区间，但下行压力依然较大。2019年以来能源企业效益增速有所回落。能源需求放缓，煤炭、电力、化工产能过剩的矛盾依然存在，企业营业收入和效益很难保持较快增长。随着国铁运能集中释放，蒙华、准朔、唐呼等铁路开通将加剧运输市场竞争。

(2) 能源结构变革的挑战 煤炭在我国能源消费结构中的比重已降至59%。目前，各大能源企业纷纷通过参股、并购、设立产业基金等方式加快新能源布局，抢占风电、光电等优质平价资源，发展氢能、储能、海洋能、新一代核能、煤基新材料和页岩气等战略性新兴产业，竞争日趋激烈，优质资源的获取难度加大。

(3) 科技革命的挑战 随着新一轮科技革命和产业变革孕育兴起，大数据、云计算、物联网、移动互联和人工智能等现代信息通信技术与能源系统融合程度进一步提升，智慧企业建设竞相发展，全国首套薄煤层智能化采煤机组在山东枣庄成功运行，电力、运输、煤化工等产业智能化应用加快推进，诸多能源类企业技术水平面临严峻挑战。

(4) 市场化改革的挑战 随着区域性煤炭交易中心建设稳步推进，煤炭交易市场化合作机制更加健全，动力煤中长期合同价格稳定在绿色区间。经营性电力用户发用电计划全面放开，售电市场更加活跃，电价形成机制更加市场化，2019年上半年，全国发电设备平均利用时间同比降低20小时，交易电量比重增长超过30%，发电企业经营压力进一步加大。可再生能源迈入无补贴平价上网时代，未来拼的是成本，比的是效益。能源企业必须从根本上转变经营理念，优化经营机制，着力降本增效，提高市场竞争能力。

(5) 国际化经营的挑战 中美经贸摩擦不确定性仍然较大。随着国际能源合作的广度和深度不断拓展，电力互联互通越来越广，电网、核电、水电以及新能源发电技术装备加快"走出去"，已在国际市场占有举足轻重的地位。目前，许多能源企业国际化程度不高，发展潜力受限，对此既要从最坏处着想，保持清醒头脑，又要从最好处着力，增强信心、决心，坚定不移推进高质量发展。

未来能源行业将面临双重困境：一方面能源需求不断上升，另一方面要求碳排放不断减少。面临双重挑战，既要充分发挥多种能源形式的作用，又要转向低碳能源发展，世界各国正在寻求一条符合《巴黎协定》气候目标的道路，需要在一系列的战略上取得更大的进展和改变。

根据国际可再生能源署（IRENA）的2050年全球能源转型路线图（GET2050）报告，电力在全球最终能源中的比例可能会从现在的20%增加到2050年的近45%。同时，可再生电源在全球发电总量将从目前的26%攀升至2050年的85%，其中高达60%来自太阳能和风能等间歇性电源。

国网能源研究院的研究表明，中国最终能源使用总量中的电力份额可能会从目前的21%增长到2050年的47%。2015—2050年能源使用总量将增加约30%，而电力消耗将增长140%。同时，我国电力供应将发生结构性的改变，到2050年可再生能源将提供66%的发电（太阳能光伏和风力发电占41%）。建筑物的再电气化可能性特别高，预计到2050年，电力在建筑能源消耗中的份额将从目前的29%增加到63%；工业和运输部门能耗的电力份额将分别达到49%和25%。

第二章

战略与风险

加拿大学者亨利·明茨伯格将战略定义为"一系列或整套的决策或行动方式",这套方式包括计划性的战略和非计划性的战略。事实上,公司大部分战略是事先的计划和突发应变的组合。美国学者汤姆森指出"战略既是预先性的,又是反应性的"。换言之,"战略制定的任务包括制定一个策略计划,然后随着事情的进展不断规划和再规划的结果。"[1]

一个实际的战略是管理者在公司内外各种情况不断暴露的过程中不断规划和再规划的结果。

第一节 战略与战略管理

1. 公司的使命、目标与层次

(1)公司的使命 首先要阐明企业组织的根本性质与存在理由,一般包括三个方面:公司目的、公司宗旨、经营哲学。

财务目标体系表明,公司必须致力于在下列指标上取得较好结果:市场占有率、收益增长率、投资回报率、股利增长率、股票价格评价、现金流以及公司的信任度等。

战略目标体系则不同,它的建立目的在于为公司赢得下列结果:获取足够的市场竞争优势,在产品质量、客户服务或产品革新等方面压倒竞争对手,使整体成本低于竞争对手的成本，提高公司在客户中的声誉，在国际市场上建立更强大的立足点，建立技术上的领导地位，获得持久的竞争力，及时抓住成长机会等。财务目标体系和战略目标体系都应该从短期目标和长期目标两个角度体现出来。

（2）公司战略　公司战略分为三个层次：总体战略、业务单位战略（竞争战略）和职能战略。

2. 战略管理的特征

与传统的职能管理相比，战略管理具有如下特征：

1）战略管理是企业的综合性管理。
2）战略管理是企业的高层次管理。
3）战略管理是企业的一种动态性管理。

3. 战略管理过程

战略分析、战略选择和战略实施共同构成了企业的战略循环，是一个动态管理过程。

其中，战略分析主要包括外部环境分析和内部环境分析。

外部环境分析要了解企业所处的环境（包括宏观环境、产业环境、竞争环境和国家竞争优势分析）正在发生哪些变化，这些变化将给企业带来更多的机会还是更多的威胁。

内部环境分析可以从企业的资源与能力分析、价值链分析和业务组合分析等几个方面展开。内部环境分析要了解企业自身所处的相对地位，企业具有哪些资源以及战略能力。

第二节　战略分析

1. 企业外部环境分析

从公司战略角度分析企业的外部环境，是要把握环境的现状及变化趋势，利用有利于企业发展的机会，避开环境可能带来的威胁，这是企业谋求生存发展的首要问题。

企业的外部环境可以从宏观环境、产业环境、竞争环境和钻石模型分析四个层面展开。

(1) 宏观环境分析　宏观环境要素主要有四个方面：政治和法律因素、经济因素、社会和文化因素、技术因素。

(2) 产业环境分析　产业环境分析包括产品生命周期与产业五种竞争力两个方面。首先是产品生命周期。产业发展要经过四个阶段：导入期、成长期、成熟期和衰退期。这些阶段是以产业销售额增长率曲线的拐点划分，产业的增长与衰退由于新产品的创新和推广过程而呈"S"形。其次是产业五种竞争力。波特认为，在每一个产业中都存在五种基本竞争力量，即潜在进入者、替代品、购买者、供应者与现有竞争者间的抗衡，这五种力量共同决定产业竞争的强度以及产业利润率，最强的一种或几种力量占据着统治地位并且从战略形成角度来看起着关键性作用。产业中众多经济技术特征对于每种竞争力的强弱都是至关重要的。

(3) 竞争环境分析　竞争环境分析包括两个方面：一是从个别企业视角去观察分析竞争对手的实力；二是从产业竞争结构视角观察分析企业所面对的竞争格局。

(4) 钻石模型（国家竞争优势）分析　波特的钻石模型是分析国家和地区竞争力的宏观分析工具。钻石模型是由四个要素组成的：生产要素，需求条件，相关与支持性产业，企业战略、企业结构和同业竞争的表现。这四个要素是构成钻石模型的基本要素。

2. 企业内部环境分析

(1) 企业资源与能力分析　企业资源分析的目的在于识别企业的资源状况、企业资源方面所表现出来的优势和劣势及其对未来战略目标制定和实施的影响如何。

企业能力是指企业配置资源，发挥其生产和竞争作用的能力。企业能力来源于企业有形资源、无形资源和人力资源的整合，是企业各种资源有机组合的结果。

企业能力主要由研发能力、生产管理能力、营销能力、财务能力和组织管理能力等组成。

（2）价值链分析　价值链分析是分析公司资源与能力的一个很有用的工具，它能有效地分析在企业从事的所有活动中哪些活动对企业赢得竞争优势起关键作用，并说明如何将一系列活动组成体系以建立竞争优势。

价值链分析将企业的生产经营活动分为基本活动和支持活动两大类。

基本活动，又称主体活动，是指生产经营的实质性活动，一般可以分为内部后勤、生产经营、外部后勤、市场销售和服务五种活动。这些活动与商品实体的加工流转直接相关，是企业的基本增值活动。

支持活动，又称辅助活动，是指用以支持基本活动而且内部之间又相互支持的活动，包括采购管理、技术开发、人力资源管理和企业基础设施。

（3）波士顿矩阵　波士顿矩阵认为决定产品结构的基本因素有两个，即市场引力与企业实力。

市场引力包括市场增长率、目标市场容量、竞争对手强弱及利润高低等。其中最主要的是反映市场引力的综合指标——市场增长率，它是决定企业产品结构是否合理的外在因素。

企业实力包括企业市场占有率以及技术、设备、资金利用能力等，其中市场占有率是决定企业产品结构是否合理的内在要素，它直接显示出企业的竞争实力。市场增长率与市场占有率既相互影响，又互为条件：市场引力大，同时市场占有率高，显示产品发展具有良好前景，企业也相应具备较强的实力；市场引力大而市场占有率低，则说明企业尚无足够实力，该产品也无法顺利发展；企业实力强但市场引力小，则预示该产品的市场前景不佳。

3. SWOT 分析

SWOT 分析是一种综合考虑企业内部条件和外部环境的各种因素，进行系统评价，从而选择最佳经营战略的方法。S 是指企业内部的优势（Strengths），W 是指企业内部的劣势（Weaknesses），O 是指企业外部环境的机会（Opportunities），T 是指企业外部环境的威胁（Threats）。因此，SWOT 分析实际上是对企业内外部条件各方面内容进行综合和概括，分析企业的优劣势、面临的机会和威胁，进而帮助企业进行战略选择的一种方法。

第三节 战略选择

1. 总体战略

总体战略（公司层战略）是企业最高层次的战略。它需要根据企业的目标，选择企业可以竞争的经营领域，合理配置企业经营所必需的资源，使各项经营业务相互支持、相互协调。

（1）总体战略的主要类型　企业总体战略可分为三大类：发展战略、稳定战略和收缩战略。企业发展战略强调充分利用外部环境的机会，充分发掘企业内部的优势资源，以求企业在现有基础上向更高一级方向发展。稳定战略又称维持战略，是指限于经营环境和内部条件，企业在战略期所期望达到的经营状况基本保持在战略起点的范围和水平上的战略。收缩战略也称撤退战略，是指企业缩小原有经营范围和规模的战略。

（2）发展战略的主要途径　发展战略一般可以采用三种途径，即外部发展（并购）、内部发展（新建）与战略联盟。

2. 业务单位战略

（1）基本竞争战略　三种基本竞争战略选择分别是成本领先战略、差异化战略和集中化战略。

（2）中小企业竞争战略　此类竞争战略主要分为零散产业中的竞争战略和新兴产业中的竞争战略。

1）零散产业中的竞争战略。零散型产业是一种重要的产业环境结构。在这种产业中，产业集中度很低，没有任何企业占有显著的市场份额，也没有任何一个企业能对整个产业的发展产生重大的影响。一般情况下，零散型产业由很多中、小型企业构成，存在于经济活动的许多领域中，如一些传统服务业——餐饮业、洗衣业和摄影业等都属于这种产业。

2）新兴产业中的竞争战略。新兴产业是由于技术创新、消费者新需求的出现，或其他经济和社会文化将某个产品或服务提高到一种潜在可行的商业机会的水平而产生的。例如，电信、计算机、家用电器等产业是创新技术的产物，搬家公司、送餐公司、礼仪公司等则是新需求的产物。

（3）蓝海战略　蓝海战略，就是企业突破红海的残酷竞争，主要精力不是放在打败竞争对手上，而是放在全力为客户与企业自身创造价值的飞跃上，并由此开创新的"无人竞争"的市场空间，彻底甩脱竞争，开创属于自己的一片蓝海。这是一种企业通过开创新的、未被竞争对手重视的市场领域以达到扩张目的的战略。蓝海战略要求企业把视线从市场的供给一方移向需求一方，从与对手的竞争转向为客户提供价值的飞跃。

3. 职能战略

（1）市场营销战略　市场营销战略是企业市场营销部门根据公司总体战略与业务单位战略规划，在综合考虑外部市场机会及内部资源状况等因素的基础上，确定目标市场，选择相应的市场营销策略组合，并予以有效实施和控制的过程。

（2）研究与开发战略　研究与开发有两种类型：产品研究和流程研究。产品研究（新产品开发）是竞争优势的主要来源，是实施差异化战略的企业战略保障体系中的关键环节。流程研究关注于生产产品或提供服务的流程，旨在建立有效的流程来节约资金和时间，从而提高生产率。流程研究对改善质量管理也至关重要。因此，无论对于实施成本领先战略的企业，还是对于实施差异化战略的企业而言，流程管理都是必不可少的。

研究与开发可以是"需求拉动"的，即市场的新需求拉动创新以满足需求；也可以是"技术推动"的，即创新来自发明的应用。

企业研发战略至少存在三种定位：一是成为向市场推出新技术产品的企业；二是成为成功产品的创新模仿者；三是成为成功产品的低成本生产者。

（3）生产运营战略　生产运营战略是企业根据目标市场和产品特点构造其生产运营系统时所遵循的指导思想，以及在这种指导思想下的一系列决策规划、内容和程序。

4. 国际化经营战略

（1）国际市场进入模式　企业进入国外市场的模式一般有出口、股权投资、非股权安排等几种。

出口模式是指产品在本国生产，但输出到目标国进行销售，或者说是通过产品输出进入国外市场的方式。

对外股权投资涉及对东道国企业的股权参与，与出口方式相比，是一种控制程度更强、参与程度更大的进入方式。股权投资包括对外证券投资与对外直接投资。

非股权模式主要包括合约制造、服务外包、订单农业、特许经营、许可经营、管理合约及其他类型的合约关系。

（2）国际化经营的战略类型　企业国际化经营的战略基本上有四种类型，即国际战略、多国本土化战略、全球化战略与跨国战略。

（3）新兴市场的企业战略　新兴市场国家是指一些市场发展潜力巨大的发展中国家。新兴市场本土企业的战略选择主要有"防御者"战略（利用本土优势进行防御）、"扩张者"战略（向海外延伸本土优势）、"躲闪者"战略（避开跨国公司的冲击）以及"抗衡者"战略（在全球范围内对抗）。

第四节　战 略 实 施

1. 公司战略与组织结构

组织结构是组织为实现共同目标而进行的各种分工和协调的系统。它可以平衡企业组织内专业化与整合两个方面的要求，运用集权和分权的手段对企业生产经营活动进行组织和控制。因此，组织结构的基本构成要素是分工与整合。

（1）组织结构的构成要素　分工有纵向、横向分工两大类。管理层次的构成及管理者所管理的人数，即为纵向分工。纵向分工是企业的经营分工，在这条线上决定绩效的分配、权力的分配，所以常常又称之为职权线。横向分工是企业资源的分工，也就是说公司所有的资源都在这条线上进行专业分配，保障业务部门能够获得支持，所以横向分工是职能线。横向分工最重要的是专业化分工以及专业化水平，同时为了能够确保资源的有效使用，横向分工一定要尽可能精简，能够减少就不增加，能够合并就合并。

整合是指企业为实现预期的目标而用来协调人员与职能的手段。将工作专业分工，被切割成许多小部分以后，再将之整合，整合即实行部门化管理。

（2）纵横向分工结构　纵横向分工结构的基本类型如下：

1）纵向分工结构的基本类型。纵向分工是指企业高层管理人员为了有效地贯彻执行企业的战略，选择适当的管理层次和正确的控制幅度，并说明连接企业各层管理人员、工作以及各项职能的关系。纵向分工基本有两种形式：一是高长型组织结构；二是扁平型组织结构。

高长型组织结构的特点是具有一定规模的企业的内部有很多管理层次，在每个层次上，管理人员的控制幅度较窄。这种结构有利于企业内部的控制，但对市场变化的反应较慢。

扁平型组织结构的特点是具有一定规模的企业的内部管理层次较少，在每个层次上，管理人员的控制幅度较宽。这种结构可以及时地反映市场的变化，并做出相应的反应，但容易造成管理的失控。

2）横向分工结构的基本类型。从横向分工结构考察，企业组织结构有八种基本类型：创业型组织结构、职能制组织结构、事业部制组织结构、M型企业组织结构（多部门结构）、战略业务单位组织结构（SBU）、矩阵制组织结构、H型结构（控股企业/控股集团组织结构）和国际化经营企业的组织结构。

2. 公司战略与企业文化

（1）企业文化的类型　企业文化从理论上分为四类，即权力导向型、角色导向型、任务导向型和人员导向型。

（2）文化与绩效　企业文化是企业创造价值的途径：文化简化了信息处理，文化补充了正式控制，文化促进合作并减少讨价还价成本。

3. 战略控制

（1）战略失效　战略失效是指企业战略实施的结果偏离了预定的战略目标

或战略管理的理想状态。战略失效的类型有三种：早期失效、偶然失效和晚期失效。

导致战略失效的原因有：

1）企业内部缺乏沟通。

2）战略实施过程中各种信息的传递和反馈受阻。

3）战略实施所需的资源条件与现实存在的资源条件之间出现较大缺口。

4）用人不当，主管人员、作业人员不称职或玩忽职守。

5）公司管理者决策错误，使战略目标本身存在严重缺陷或错误。

6）企业外部环境出现了较大变化，而现有战略一时难以适应等。

（2）战略控制　战略控制是指监督战略实施进程，及时纠正偏差，确保战略有效实施，使战略实施结果符合预期战略目标的必要手段。

战略控制方法有预算与预算控制、企业业绩衡量指标、平衡计分卡的业绩衡量方法以及统计分析与专题报告。

其中，预算的类型包括增量预算和零基预算。增量预算方法是指新的预算使用以前期间的预算或者以实际业绩作为基础来编制，在此基础上增加相应的内容。零基预算方法是指在每一个新的期间必须重新判断所有的费用。零基预算开始于"零基础"，需要分析企业中每个部门的需求和成本。

4. 信息技术与组织变革的关系

信息技术与组织变革是相互影响的关系。一方面，信息技术是推动组织变革的诱因；另一方面，组织变革又进一步促进信息技术应用。

第五节　公司治理

狭义的公司治理是指所有者（主要是股东）对经营者的一种监督与制衡机制，即通过一种制度安排，合理地配置所有者和经营者之间的权力和责任关系。它是借助股东大会、董事会、监事会、经理层所构成的公司治理结构来实现的内部治理。其目标是保证股东利益的最大化，防止经营者对所有者利益的背离。

广义的公司治理不局限于股东对经营者的制衡，还涉及广泛的利益相关者，包括股东、雇员、债权人、供应商和政府等与公司有利害关系的集体或个人。公司治理是通过一套包括正式或非正式的、内部或外部的制度或机制来协调公司与所有利益相关者之间的利益关系，以保证公司决策的科学性与公正性，从而最终维护各方面的利益。公司的治理机制也不仅限于以治理结构为基础的内部治理，而是利益相关者通过一系列的内、外部机制来实施的共同治理，治理的目标不仅是股东利益的最大化，而且是保证所有利益相关者的利益最大化。

1. 三大公司治理问题

公司治理的问题主要包括代理型公司治理问题和剥夺型公司治理问题。代理型公司治理问题面对的是股东与经理之间的关系，即传统意义上的委托代理关系；而剥夺型公司治理问题则涉及股东与股东间的利益关系。就本质而言，这两类公司治理问题都属于委托代理问题，只不过第一类公司治理问题是公司所有者与经营者（即股东与经理之间）的代理问题，而第二类公司治理问题是大股东与中小股东之间的代理问题。

（1）经理人对于股东的"内部人控制"问题　经理人对股东负有忠诚、勤勉的义务，然而由于委托代理问题和缺乏足够的监督，经理人在经营管理中通常会违背忠诚和勤勉义务，从而导致"内部人控制"问题。

1）一般认为违背忠诚义务导致的"内部人控制"问题的主要表现有：

① 过高的在职消费，盲目过度投资，经营行为的短期化。

② 侵占资产，资产转移。

③ 工资、奖金等收入增长过快，侵占利润。

④ 会计信息作假、财务作假。

⑤ 大量负债，甚至严重亏损。

⑥ 建设个人帝国。

2）一般认为违背勤勉义务导致的"内部人控制"问题的主要表现：

① 信息披露不完整、不及时。

② 敷衍偷懒不作为。

③ 财务杠杆过度保守。

④ 经营过于稳健、缺乏创新。

(2) 终极股东对于中小股东的"隧道挖掘"问题　保护中小股东的权益主要措施有：累积投票制，建立有效的股东民事赔偿制度，建立表决权排除制度，完善小股东的代理投票权，建立股东退出机制。

(3) 企业与其他利益相关者之间的关系问题　各利益相关者的利益得到合理的配置与满足时，才能建立更有利于企业长远可持续发展的外部环境，这有利于实现企业价值最大化，积累增加股东财富的目标。

2. 公司内部治理结构和外部治理机制

(1) 公司内部治理结构　公司内部治理结构是指主要涵盖股东大会、董事会（监事会）、高级管理团队以及公司员工之间权力相互制衡的制度体系。

(2) 外部治理机制　外部治理环境因素与企业绩效存在相关性。企业在较少政府干预、较完备法律水平和较发达的市场环境下开展经营活动更容易获得经营自主性，创造利润。政府干预较弱的地区，企业受到政府干预的概率小，能够集中精力提高企业的绩效。法律健全同样是对企业的有利保护，因为健全的法律能够有效地保障企业的合法权益，减少或者防止政府对企业利益的侵害。完善的市场环境有利于营造良好的自由竞争环境，企业也较容易从市场上获得需要的资源，避免依赖于政治关联来获得特殊利益。公司治理外部环境因素主要包括政府干预程度、法律环境和市场环境[2]。

3. 公司治理的基础设施

(1) 公司治理基础设施　影响公司治理效率的因素不仅包括公司内部治理结构和公司外部治理机制，还包括公司治理的基础设施。公司治理基础设施主要包括公司信息披露制度、信用中介机构、法律法规、政府监管以及媒体和专业人士的舆论监督等。

(2) 公司治理原则　六大治理原则是：确保有效的公司治理框架，确保股东权利和关键所有权功能，确保平等对待全体股东，确保利益相关者在公司治理中的作用，确保信息披露和透明度，确保董事会的义务。

第六节 风险与风险管理

2006年,我国国务院国有资产监督管理委员会发布《中央企业全面风险管理指引》,将企业风险定义为"未来的不确定性对企业实现其经营目标的影响"。

企业风险管理的目的在于辨别影响其收益波动性的风险因素,并对其综合效应进行度量。风险控制既是一整套制度安排,也是一个动态的管理过程,其控制的最终目的尽管是企业组织的收益,但关键的控制点却是人和交易。对单一的国有企业以及国有企业群体面对的风险进行识别,是国有企业风险控制的第一步,也是树立国有企业风险控制基本观念的起点[3]。

1. 企业面对的风险种类

企业面对的主要风险可以分为两大类:外部风险和内部风险。外部风险主要包括政治风险、法律风险、社会文化风险、技术风险和市场风险等;内部风险主要包括战略风险、运营风险和财务风险等。

2. 风险管理的概念

风险偏好和风险承受度是风险管理概念的重要组成部分。

风险偏好是企业希望承受的风险范围,分析风险偏好要回答的问题是公司希望承担什么风险和承担多少风险。

风险承受度是指企业风险偏好的边界,分析风险承受度可以将其作为企业采取行动的预警指标,企业可以设置若干风险承受度等级,以显示不同的警示级别。

《中央企业全面风险管理指引》对风险管理给出如下定义:"全面风险管理,指企业围绕总体经营目标,通过在企业管理的各个环节和经营过程中执行风险管理的基本流程,培育良好的风险管理文化,建立健全全面风险管理体系,包括风险管理策略、风险理财措施、风险管理的组织职能体系、风险管理信息系统和内部控制系统,从而为实现风险管理的总体目标提供合理保证的过程和方法。"

企业风险管理的主要特征有:战略性、全员化、专业性、二重性和系统性。

3. 风险管理的目标

我国《中央企业全面风险管理指引》设定了风险管理如下的总体目标：

1）确保将风险控制在与公司总体目标相适应并可承受的范围内。

2）确保内外部，尤其是企业与股东之间实现真实、可靠的信息沟通，包括编制和提供真实、可靠的财务报告。

3）确保遵守有关法律法规。

4）确保企业有关规章制度和为实现经营目标而采取的重大措施的贯彻执行，保障经营管理的有效性，提高经营活动的效率和效果，降低实现经营目标的不确定性。

5）确保企业建立针对各项重大风险发生后的危机处理计划，保护企业不因灾害性风险或人为失误而遭受重大损失。

4. 风险管理基本流程

风险管理基本流程包括以下五个步骤：

1）收集风险管理初始信息。

2）进行风险评估。

3）制定风险管理策略。

4）提出和实施风险管理解决方案。

5）风险管理的监督与改进。

5. 风险管理体系

企业风险管理体系包括五大体系：

1）风险管理策略。

2）风险理财措施。

3）风险管理的组织职能体系。

4）风险管理信息系统。

5）内部控制系统。

6. 风险管理方法

风险管理方法主要有头脑风暴法、德尔菲法、失效模式影响和危害度分析法（FMECA）、流程图分析法（Flow Charts Analysis）、马尔科夫分析法（Markov Analysis）、风险评估系图法、情景分析法、敏感性分析法、事件树分析法（ETA）、决策树法和统计推论法。

专业知识篇

第三章

会 计

在财务相关学科的大厦中，会计学当之无愧是最重要的基础，每位财务工作人员都应该熟练掌握。从会计学原理到初、中、高级会计学专业知识，都是从会计工作中总结出来的带有共性的知识。因此，在具体的会计工作中，必须把这些知识作为基本指南，并熟练掌握。

第一节 会计的概念、职能及特点

1. 概念

会计是以货币为主要计量单位，反映和监督一个单位经济活动的一种经济管理工作。

按其报告的对象不同，会计又有财务会计与管理会计之分。

（1）财务会计主要侧重于向单位（企业/事业/行政）外部关系人提供有关单位（企业/事业/行政）内部财务状况、经营成果和现金流量情况等信息，即侧重于过去信息，为外部有关各方提供所需数据。

（2）管理会计主要侧重于向企业内部管理者提供进行经营规划、经营管理、预测决策所需的相关信息，即侧重于未来信息，为内部管理部门提供数据。

2. 会计的职能

会计的职能是由会计的本质特征所决定的固有的、直接的功能。会计的职能就是指会计在经济管理中所具有的功能。《中华人民共和国会计法》对会计的基本职能表达为：会计核算与会计监督。随着社会经济的发展和经济管理的现代化，会计的职能也会随之发生变化，一些新的职能不断出现，除了会计核算、监督两个基本职能之外，还有分析经济情况、预测经济前景、参与经济决策等各种职能。

（1）会计核算　该职能主要是采取货币形式从数量方面综合反映企业单位已经发生或已经完成的各项经济活动并进行公正报告的工作。会计核算贯穿于经济活动的全过程，是会计最基本的职能，也称反映职能。

（2）会计监督　该职能是指按照一定的目的和要求，利用会计核算所提供的经济信息，对特定对象经济业务的合法性、合理性进行审查、控制，使之达到预期目标的工作。

第二节　会计基础理论

1. 会计基本假设

会计基本假设是企业会计确认、计量和报告的前提，是对会计核算所处时间、空间环境等所做的合理设定。会计基本假设包括会计主体、持续经营、会计分期和货币计量等四个假设。

（1）会计主体　会计应当仅为特定的会计主体服务。会计主体是指企业会计确认、计量和报告的空间范围。会计主体假设要求企业应当对其本身发生的交易或者事项进行会计确认、计量和报告，反映企业本身从事的各项生产经营活动。明确界定会计主体是开展会计确认、计量和报告工作的重要前提。

（2）持续经营　假设企业在可预见的未来不会破产被清算，即假设企业的经营活动处于一个正常运行状态。

（3）会计分期　会计分期是指将企业持续不断的资金运动人为地分割为若干连续、长短相同的期间，以分期提供会计信息。

（4）货币计量　货币计量是指会计主体在财务会计确认、计量和报告时以货币计量，反映会计主体的生产经营活动。该假设包括两个意思：一是会计仅反映那些能以货币表达的信息；二是币值稳定假设。

2. 会计信息质量要求

会计信息质量要求是对企业财务报告中所提供会计信息质量的基本要求，是使财务报告中所提供会计信息对投资者等使用者决策有用应具备的基本特征，主要包括可靠性、相关性、可理解性、可比性、实质重于形式、重要性、谨慎性和及时性等。

（1）可靠性　可靠性要求企业应当以实际发生的交易或者事项为依据进行确认、计量和报告，如实反映符合确认和计量要求的各项会计要素及其他相关信息，保证会计信息真实可靠、内容完整。

（2）相关性　相关性要求企业提供的会计信息应当与投资者等财务报告使用者的经济决策需要相关，有助于财务报告使用者对企业过去、现在或者未来的情况做出评价或者预测。

（3）可理解性　可理解性要求企业提供的会计信息应当清晰明了，以便财务报告使用者理解和使用。

（4）可比性　可比性要求企业提供的会计信息应当具有可比性，此可比性要求企业达到横向可比和纵向可比，即同一企业不同会计期间的可比，同一会计期间内不同企业之间的可比。

（5）实质重于形式　实质指的是经济实质，形式指的是法律形式。此原则要求企业在进行会计处理时，应当以经济实质为准，而不受法律形式的制约。

（6）重要性　重要性要求企业提供的会计信息应当反映与企业财务状况、经营成果和现金流量有关的所有重要交易或者事项。

（7）谨慎性　谨慎性要求企业对交易或事项进行会计确认、计量和报告应当保持应有的谨慎，不应高估资产或收益，低估负债或费用。

（8）及时性　及时性要求企业对于已经发生的交易或者事项，应当及时进行确认、计量和报告，不得提前或者延后。

第三节　会计要素及其确认与计量属性

1. 资产和负债

（1）资产　资产是指企业过去的交易或者事项形成的、由企业拥有或者控制的、预期会给企业带来经济利益的资源。将一项资源确认为资产，需要符合资产的定义，并同时满足以下两个条件：

1）与该资源有关的经济利益很可能流入企业。

2）该资源的成本或者价值能够可靠地计量。

资产的账面余额是指某科目的账面实际余额，不扣除作为该科目备抵的项目（如相关资产的减值准备）。资产的账面价值是指某科目的账面余额减去相关的备抵项目后的净额。

（2）负债　负债是指企业过去的交易或者事项形成的、预期会导致经济利益流出企业的现时义务。将一项现时义务确认为负债，需要符合负债的定义，并同时满足以下两个条件：

1）与该义务有关的经济利益很可能流出企业。

2）未来流出的经济利益的金额能够可靠地计量。

2. 所有者权益

所有者权益是指企业资产扣除负债后，由所有者享有的剩余权益。公司的所有者权益又称为股东权益。所有者权益是所有者对企业资产的剩余索取权。

所有者权益的来源主要包括所有者投入的资本、直接计入所有者权益的利得和损失（通过"其他综合收益"科目核算）、留存收益等。

1）所有者投入的资本是指所有者投入企业的资本部分，它既包括构成企业注册资本或者股本部分的金额，也包括投入资本超过注册资本或者股本部分的金额，即资本溢价或者股本溢价，这部分投资资本作为资本公积（资本溢价）反映。

2）直接计入所有者权益的利得和损失是指不应计入当期损益、会导致所有者权益发生增减变动的、与所有者投入资本或者向所有者分配利润无关的利得或者损失。其中，利得是指由企业非日常活动所形成的、会导致所有者权益增加的、与所有者投入资本无关的经济利益的流入。损失是指由企业非日常活动所发生的、会导致所有者权益减少的、与向所有者分配利润无关的经济利益的流出。

3) 留存收益是企业历年实现的净利润留存于企业的部分，主要包括计提的盈余公积和未分配利润。

由于所有者权益体现的是所有者在企业中的剩余权益，因此，所有者权益的确认主要依赖于其他会计要素，尤其是资产和负债的确认，所有者权益金额的确定也主要取决于资产和负债的计量。

3. 收入、费用和利润

（1）收入 收入是指企业在日常活动中形成的、会导致所有者权益增加的、与所有者投入资本无关的经济利益的总流入。

收入应当在企业履行了合同中的履约义务，即客户取得相关商品或服务控制权时确认。企业与客户之间的合同同时满足下列条件时，企业应当在客户取得相关商品或服务控制权时确认收入：

1) 合同各方已批准该合同并承诺将履行各自义务。
2) 该合同明确了合同各方与所转让商品或提供服务相关的权利和义务。
3) 该合同有明确的与所转让商品或提供服务相关的支付条款。
4) 该合同具有商业实质，即履行该合同将改变企业未来现金流量的风险、时间分布或金额。
5) 企业因向客户转让商品或提供服务而有权取得的对价很可能收回。

（2）费用 费用是指企业在日常活动中发生的、会导致所有者权益减少的、与向所有者分配利润无关的经济利益的总流出。

费用的确认除了应当符合费用定义外，还应当满足严格的条件，即费用只有在经济利益很可能流出，从而导致企业资产减少或者负债增加、经济利益的流出额能够可靠计量时才予以确认。

因此，费用的确认至少应当符合以下条件：

1) 与费用相关的经济利益很可能流出企业。

2）经济利益流出企业的结果会导致资产的减少或者负债的增加。

3）经济利益的流出额能够可靠计量。

（3）利润　利润是指企业在一定会计期间的经营成果，反映的是企业的经营业绩情况，是业绩考核的重要指标。

利润包括收入减去费用后的净额、直接计入当期利润的利得和损失等。其中，收入减去费用后的净额反映的是企业日常活动的业绩；直接计入当期利润的利得和损失反映的是企业非日常活动的业绩。直接计入当期利润的利得和损失，是指应当计入当期损益、最终会引起所有者权益发生增减变动的、与所有者投入资本或者向所有者分配利润无关的利得或者损失。企业应当严格区分收入和利得、费用和损失之间的区别，以更加全面地反映企业的经营业绩。

利润反映的是收入减去费用、利得减去损失后的净额，因此，利润的确认主要依赖于收入和费用以及利得和损失的确认，其金额的确定也主要取决于收入、费用、利得、损失金额的计量。

4. 会计要素计量属性

会计要素计量属性包括历史成本、重置成本、可变现净值、现值和公允价值。

企业在对会计要素进行计量时，一般应当采用历史成本。在某些情况下，为了提高会计信息质量，实现财务报告目标，企业会计准则允许采用重置成本、可变现净值、现值、公允价值计量的，应当保证所确定的会计要素金额能够取得并可靠计量；如果这些金额无法取得或者可靠计量，则不允许采用该计量属性。

第四节　存　　货

存货是指企业在日常活动中持有以备出售的产成品或商品、处在生产过程中的在产品、在生产过程或提供劳务过程中耗用的材料或物料等，包括各类材料、在产品、半成品、产成品或库存商品以及包装物、低值易耗品、委托加工物资等。

1. 存货的确认条件

存货在符合定义情况下，同时满足下列条件的，才能予以确认：

1）与该存货有关的经济利益很可能流入企业。

2）该存货的成本能够可靠地计量。

2. 存货的初始计量

存货应当按照成本进行初始计量。存货成本包括采购成本、加工成本和其他成本。

（1）采购成本　外购存货的成本包括购买价款、相关税费和其他相关费用。

（2）加工成本　存货的加工成本包括直接人工以及按照一定方法分配的制造费用。加工成本包括直接材料、直接人工和制造费用。

制造费用是指企业为生产产品和提供劳务而发生的各项间接费用。包括企业生产部门（如生产车间）管理人员的职工薪酬、折旧费、办公费、水电费、机物料损耗、劳动保护费、季节性和修理期间停工损失等。需要注意的是，制造费用不是期间费用。

（3）其他成本　企业取得存货的其他方式主要包括接受投资者投资、非货币性资产交换、债务重组和企业合并等。

1）投资者投入存货的成本应当按照投资合同或协议约定的价值确定，但合同或协议约定价值不公允的除外。在投资合同或协议约定价值不公允的情况下，按照该项存货的公允价值作为其入账价值。

2）通过非货币性资产交换、债务重组、企业合并等方式取得的存货的成本执行相关准则。

（4）通过提供劳务取得的存货成本　通过提供劳务取得存货的，所发生的从事劳务提供人员的直接人工和其他直接费用以及可归属于该存货的间接费用，计入存货成本。

下列费用应当在发生时确认为当期损益，不计入存货成本：

1）非正常消耗的直接材料、直接人工和制造费用。

2）仓储费用（不包括在生产过程中为达到下一个生产阶段所必需的费用）。

3）不能归属于使存货达到目前场所和状态的其他支出。

4）企业采购用于广告营销活动的特定商品，向客户预付货款未取得商品时，应作为预付账款进行会计处理，待取得相关商品时计入当期损益（销售费用）。企业取得广告营销性质的服务比照该原则进行处理。

3. 发出存货的计量

企业可采用先进先出法、移动加权平均法、月末一次加权平均法或者个别计价法确定发出存货的实际成本。

4. 期末存货的计量

（1）期末存货计量及存货跌价准备计提原则　资产负债表日，存货应当按照成本与可变现净值孰低计量。存货成本高于其可变现净值的，应当计提存货跌价准备，计入当期损益。当存货成本低于可变现净值时，存货按成本计量。

（2）存货的可变现净值　存货的可变现净值是指在日常活动中，存货的估计售价减去至完工时估计将要发生的成本、估计的销售费用以及相关税费后的金额。

1）可变现净值的基本特征。

① 确定存货可变现净值的前提是企业在进行日常活动。

② 可变现净值为存货的预计未来净现金流入，而不是简单地等于存货的售价或合同价。

2）不同存货可变现净值的构成不同。

① 产成品、商品和用于出售的材料等直接用于出售的商品存货，其可变现净值为在正常生产经营过程中，该存货的估计售价减去估计的销售费用和相关税费后的金额。

② 需要经过加工的材料存货，其可变现净值为在正常生产经营过程中，以该存货所生产的产成品的估计售价减去至完工时估计将要发生的成本、销售费用和相关税费后的金额。

3）确定存货的可变现净值应考虑的因素。

企业确定存货的可变现净值，应当以取得的确凿证据为基础，并且考虑持有存货的目的、资产负债表日后事项的影响等因素。

5. 存货的清查盘点

（1）存货盘盈的处理　盘盈存货应按其重置成本作为入账价值。

（2）存货盘亏或毁损的处理　存货发生的盘亏或毁损，应作为待处理财产损溢进行核算。按管理权限报经批准后，根据造成存货盘亏或毁损的原因，分别按以下情况进行处理：

1）属于收发计量差错和管理不善等原因造成的存货短缺，应先扣除残料价值、可以收回的保险赔偿和过失人赔偿，将净损失计入管理费用。

2）属于自然灾害等非常原因造成的存货毁损，应先扣除处置收入（如残料价值）、可以收回的保险赔偿和过失人赔偿，将净损失计入营业外支出。

3）因非正常原因导致的存货盘亏或毁损，按规定不能抵扣的增值税进项税额，应当予以转出。

4）自然灾害造成外购存货的毁损，其进项税额可以抵扣，不需要转出。

第五节　固定资产

固定资产具有价值高、使用周期长、使用地点分散、管理难度大等特点，正是这些原因给固定资产盘点带来了极大的困难。固定资产核算管理的主要内容是：固定资产的确认、分类和计价，固定资产的账务设置，固定资产产权登记、报告，固定资产实务管理等。

1. 固定资产的确认和初始计量

（1）固定资产的性质和确认条件　固定资产是指为生产商品、提供劳务、出租或经营管理而持有的、使用寿命超过一个会计年度的有形资产。

固定资产同时满足下列条件的，才能予以确认：

1）与该固定资产有关的经济利益很可能流入企业。

2）该固定资产的成本能够可靠地计量。

（2）固定资产的初始计量　固定资产应当按照成本进行初始计量。固定资产的成本是指企业购建某项固定资产达到预定可使用状态前所发生的一切合理、必要的支出。这些支出包括直接发生的价款、运杂费、包装费和安装成本等，也包括间接发生的，如应承担的借款利息、外币借款折算差额以及应分摊的其他间接费用。

1）外购固定资产。企业外购固定资产的成本，包括购买价款、相关税费（不含可抵扣的增值税进项税额）、使固定资产达到预定可使用状态前所发生的可归属于该项资产的运输费、装卸费、安装费和专业人员服务费等。外购固定资产分为购入不需要安装的固定资产和购入需要安装的固定资产两类。

员工培训费不计入固定资产的成本，应于发生时计入当期损益。

2）自行建造固定资产。该类固定资产可分为自营方式建造固定资产和出包方式建造固定资产两类。

企业如有以自营方式建造固定资产的，其成本应当按照直接材料、直接人工、直接机械施工费等计量。具体特征如下：

① 企业为建造固定资产准备的各种物资应当按照实际支付的买价、运输费、保险费等相关税费作为实际成本。用于生产设备的工程物资，其进项税额可以抵扣。

② 建设期间发生的工程物资盘亏、报废及毁损，减去残料价值以及保险公司、过失人等赔款后的净损失，计入所建工程项目的成本；盘盈的工程物资或处置净收益，冲减所建工程项目的成本。工程完工后发生的工程物资盘盈、盘亏、报废、毁损，计入当期营业外收支。

③ 建造固定资产领用工程物资、原材料或库存商品，应按其实际成本转入所建工程成本。自营方式建造固定资产应负担的职工薪酬、辅助生产部门为之提供的水、电、修理、运输等劳务，以及其他必要支出等也应计入所建工程项目的成本。

④ 符合资本化条件，应计入所建造固定资产成本的借款费用按照《企业会计准则第17号——借款费用》的有关规定处理。

⑤ 企业以自营方式建造固定资产，发生的工程成本应通过"在建工程"科目核算，工程完工达到预定可使用状态时，从"在建工程"科目转入"固定资产"科目。

⑥ 所建造的固定资产已达到预定可使用状态，但尚未办理竣工决算的，应当自达到预定可使用状态之日起，根据工程预算、造价或者工程实际成本等，按暂估价值转入固定资产，并按有关计提固定资产折旧的规定，计提固定资产折旧。待办理了竣工结算手续后再调整原来的暂估价值，但不需要调整原来的折旧额。

企业如果以出包方式建造固定资产，其成本由建造该项固定资产达到预定可使用状态前所发生的必要支出构成，包括发生的建筑工程支出、安装工程支出、需分摊计入各固定资产价值的待摊支出。

待摊支出是指在建设期间发生的，不能直接计入某项固定资产价值、而应由所建造固定资产共同负担的相关费用，包括为建造工程发生的管理费、可行性研究费、临时设施费、公证费、监理费、应负担的税金、符合资本化条件的借款费用、建设期间发生的工程物资盘亏、报废及毁损净损失、负荷联合试车费等。

2. 固定资产的后续计量

（1）固定资产折旧方法　企业选择固定资产折旧方法时，应当根据与固定资产有关的经济利益的预期消耗方式做出决定。由于收入可能受到投入、生产过程、销售等因素的影响，这些因素与固定资产有关经济利益的预期消耗方式无关，因此，企业不应以包括使用固定资产在内的经济活动所产生的收入为基础进行折旧。可选用的折旧方法包括年限平均法、工作量法、双倍余额递减法和年数总和法等。固定资产的折旧方法一经确定，不得随意变更。

（2）固定资产后续支出　固定资产后续支出是指固定资产在使用过程中发生的更新改造支出、修理费用等。

后续支出的处理原则为：符合固定资产确认条件的，应当计入固定资产成本，同时将被替换部分的账面价值扣除；不符合固定资产确认条件的，应当计入当期损益。

1）资本化的后续支出。与固定资产有关的更新改造等后续支出，符合固定资产确认条件的，应当计入固定资产成本，同时将被替换部分的账面价值扣除。企业将固定资产进行更新改造的，应将相关固定资产的原价、已计提的累计折旧和减值准备转销，将固定资产的账面价值转入在建工程，并停止计提折旧。固定资产发生的可资本化的后续支出,通过"在建工程"科目核算。待固定资产发生的后续支出完工并达到预定可使用状态时,再从在建工程转为固定资产,并按重新确定的使用寿命、预计净残值和折旧方法计提折旧。

2)费用化的后续支出。与固定资产有关的修理费用等后续支出,不符合固定资产确认条件的,应当根据不同情况分别在发生时计入当期管理费用或销售费用。

与存货的生产和加工相关的固定资产的修理费用按照存货成本原则进行处理。

企业以经营租赁方式租入的固定资产发生的改良支出,应予资本化,作为长期待摊费用,合理进行摊销。

企业对固定资产进行定期检查发生的大修理费用,符合资本化条件的,可以计入固定资产成本或其他相关资产的成本,不符合资本化条件的,应当费用化,计入当期损益。固定资产在定期大修理间隔期间,照提折旧。

3. 固定资产的处置

(1)固定资产终止确认的条件　固定资产满足下列条件之一的,应当予以终止确认:

1)该固定资产处于处置状态。

2)该固定资产预期通过使用或处置不能产生经济利益。

(2)固定资产处置的账务处理　企业出售、转让划归为持有待售类别的,按照持有待售非流动资产、处置组的相关内容进行会计处理;未划归为持有待售类别而出售、转让的,通过"固定资产清理"科目归集所发生的损益,其产生的利得或损失转入"资产处置损益"科目,计入当期损益;固定资产因报废毁损等原因而终止确认的,通过"固定资产清理"科目归集所发生的损益,其产生的利得或损失计入营业外收入或营业外支出。

固定资产清理完成后产生的清理净损益,依据固定资产处置方式的不同,分别适用不同的处理方法:

1)因已丧失使用功能或因自然灾害发生毁损等原因而报废清理产生的利得或损失应计入营业外收支。属于生产经营期间正常报废清理产生的处理净损失,借记"营业外支出——处置非流动资产损失"科目,贷记"固定资产清理"科目;属于生产经营期间由于自然灾害等非正常原因造成的,借记"营业外支出——非常损失"科目,贷记"固定资产清理"科目;如为净收益,贷记"营业外收入"科目。

2)因出售、转让等原因产生的固定资产处置利得或损失应计入资产处置损益。产生处置净损失的,借记"资产处置损益"科目,贷记"固定资产清理"科目;如为净收益,借记"固定资产清理"科目,贷记"资产处置损益"科目。

(3)固定资产的清查 固定资产盘盈和盘亏的会计处理如下:

1)固定资产盘盈的会计处理。盘盈的固定资产作为前期差错处理。在按管理权限报经批准前,应通过"以前年度损益调整"科目核算。

2)固定资产盘亏的会计处理。固定资产盘亏造成的损失,应当计入当期损益。企业在财产清查中盘亏的固定资产,按盘亏固定资产的账面价值借记"待处理财产损溢——待处理固定资产损溢"科目,按已计提的累计折旧,借记"累计折旧"科目,按已计提的减值准备,借记"固定资产减值准备"科目,按固定资产原价,贷记"固定资产"科目。按管理权限报经批准后处理时,按可收回的保险赔偿或过失人赔偿,借记"其他应收款"科目,按应计入营业外支出的金额,借记"营业外支出——盘亏损失"科目,贷记"待处理财产损溢"科目。

第六节 无形资产

无形资产是指企业拥有或者控制的没有实物形态的可辨认非货币性资产。无形资产主要包括专利权、非专利技术、商标权、著作权、土地使用权和特许权等。

1. 无形资产的初始计量

(1)外购的无形资产成本 其成本包括购买价款、相关税费以及直接归属于使该项资产达到预定用途所发生的其他支出(包括使无形资产达到预定用途所发生的专业服务费用、测试无形资产是否能够正常发挥作用的费用等)。

（2）投资者投入的无形资产成本　投资者投入无形资产的成本，应当按照投资合同或协议约定的价值确定，但合同或协议约定价值不公允的除外。

（3）土地使用权的处理　企业取得的土地使用权通常应确认为无形资产。土地使用权用于自行开发建造厂房等地上建筑物时，土地使用权与地上建筑物分别进行摊销和提取折旧。

企业改变土地使用权的用途，停止自用土地使用权用于赚取租金或资本增值时，应将其账面价值转为投资性房地产。

土地使用权可作为固定资产核算，或作为无形资产核算，也可作为投资性房地产核算，还可能计入所建造的房屋建筑物成本。

2. 内部研究开发支出的确认和计量

1）如果确实无法区分研究阶段和开发阶段的支出，应当在发生时费用化，计入当期损益（即管理费用）。

2）内部开发活动形成的无形资产，其成本由可直接归属于该资产的创造、生产并使该资产能够以管理层预定的方式运作的所有必要支出组成。可直接归属于该资产的成本包括：开发该无形资产时耗费的材料、劳务成本、注册费、在开发该无形资产过程中使用的其他专利权和特许权的摊销、按照《企业会计准则第17号——借款费用》的规定资本化的利息支出、为使该无形资产达到预定用途前所发生的其他费用。

在开发无形资产过程中发生的除上述可直接归属于无形资产开发活动的其他销售费用、管理费用等间接费用，无形资产达到预定用途前发生的可辨认的无效和初始运作损失，为运行该无形资产发生的培训支出等，不构成无形资产的开发成本。

3）内部开发的无形资产的成本仅包括在满足资本化条件的时点至无形资产达到预定用途前发生的支出总和，对于同一项无形资产在开发过程中达到资本化条件之前已经费用化计入当期损益的支出不再进行调整。

4）"研发支出——资本化支出"余额计入资产负债表中的"开发支出"项目。

3. 无形资产的后续计量

无形资产初始确认和计量后，在其后使用该项无形资产期间内应以成本减去累计摊销额和累计减值损失后的余额计量。需要强调的是，确定无形资产在使用过程中的累计摊销额，基础是估计其使用寿命。只有使用寿命有限的无形资产才需要在估计的使用寿命内采用系统合理的方法进行摊销；对于使用寿命不确定的无形资产，每年进行减值测试。

无形资产使用寿命的估计：

1）源自合同性权利或其他法定权利取得的无形资产，其使用寿命不应超过合同性权利或其他法定权利的期限。

如果合同性权利或其他法定权利能够在到期时因续约等延续，当有证据表明企业续约不需要付出重大成本时，续约期才能够包括在使用寿命的估计中。

2）没有明确的合同或法律规定的无形资产，企业应当综合各方面情况，如聘请相关专家进行论证、与同行业的情况进行比较以及参考企业的历史经验等，以确定无形资产为企业带来未来经济利益的期限，如果确实无法合理确定该期限，再将其作为使用寿命不确定的无形资产。

4. 无形资产的处置

（1）无形资产的出售　企业出售无形资产，应当将取得的价款与该无形资产账面价值及相关税费（不包括确认的增值税销项税额）的差额计入资产处置损益。

（2）无形资产的出租　应当按照有关收入确认原则确认所取得的转让使用权收入；将发生的与该转让使用权有关的相关费用计入其他业务成本。

（3）无形资产的报废　无形资产预期不能为企业带来未来经济利益的，应当将该无形资产的账面价值予以转销，其账面价值转作当期损益（营业外支出）。

第七节　投资性房地产

投资性房地产是指为赚取租金或资本增值（房地产买卖的差价），或两者兼有而持有的房地产。

1. 投资性房地产的范围

1）已出租的土地使用权。需要注意的是，企业计划用于出租但尚未出租的土地使用权，不属于此类。

2）持有并准备增值后转让的土地使用权。

3）已出租的建筑物。

2. 投资性房地产的确认和初始计量

（1）投资性房地产的确认　将某个项目确认为投资性房地产，首先应当符合投资性房地产的概念，其次要同时满足投资性房地产的两个确认条件：一是与该投资性房地产相关的经济利益很可能流入企业；二是该投资性房地产的成本能够可靠地计量。

（2）外购的投资性房地产的确认和初始计量　对于企业外购的房地产，只有在购入房地产的同时开始对外出租或用于资本增值，才能称之为外购的投资性房地产。外购的投资性房地产的实际成本，包括购买价款、相关税费和可直接归属于该资产的其他支出。

企业购入房地产，自用一段时间之后再改为出租或用于资本增值的，应当先将外购的房地产确认为固定资产或无形资产，自租赁期开始日或用于资本增值之日开始，才能从固定资产或无形资产转换为投资性房地产。

（3）自行建造投资性房地产的确认和初始计量　自行建造投资性房地产，其成本由建造该项资产达到预定可使用状态前发生的必要支出构成，包括土地开发费、建筑成本、安装成本、应予以资本化的借款费用、支付的其他费用和分摊的间接费用等。建造过程中发生的非正常性损失，直接计入当期损益，不计入建造成本。

3. 与投资性房地产有关的后续支出

（1）资本化的后续支出　与投资性房地产有关的后续支出，满足投资性房地产确认条件的，应当计入投资性房地产成本。企业对某项投资性房地产进行改扩建等再开发且将来仍作为投资性房地产的，在再开发期间应继续将其作为投资性房地产，再开发期间不计提折旧或摊销。

（2）费用化的后续支出　与投资性房地产有关的后续支出，不满足投资性房地产确认条件的，应当在发生时计入当期损益（其他业务成本）。

4. 投资性房地产的后续计量

企业通常应当采用成本模式对投资性房地产进行后续计量，满足特定条件时也可以采用公允价值模式对投资性房地产进行后续计量。但是，同一企业只能采用一种模式对所有投资性房地产进行后续计量，不得同时采用两种计量模式。

（1）成本模式　在成本模式下，应当按照固定资产或无形资产的有关规定，对投资性房地产进行后续计量，计提折旧或摊销；存在减值迹象的，还应当按照资产减值的有关规定进行处理。

（2）公允价值模式　企业只有存在确凿证据表明投资性房地产的公允价值能够持续可靠取得的，才可以采用公允价值模式对投资性房地产进行后续计量。

企业采用公允价值模式进行后续计量的，不对投资性房地产计提折旧或摊销，也不计提减值准备。

（3）模式的变更　企业对投资性房地产的计量模式一经确定，不得随意变更。以成本模式转为公允价值模式的，应当作为会计政策变更处理，将计量模式变更时公允价值与账面价值的差额，调整期初留存收益。

已采用公允价值模式计量的投资性房地产，不得从公允价值模式转为成本模式。

5. 投资性房地产的转换和处置

（1）投资性房地产转换为非投资性房地产

1）采用成本模式进行后续计量的投资性房地产转换为自用房地产。企业将投资性房地产转换为自用房地产，应当按该项投资性房地产在转换日的账面余额、累计折旧或摊销、减值准备等，分别转入"固定资产""累计折旧""固定资产减值准备"等科目；按投资性房地产的账面余额，借记"固定资产"或"无形资产"科目，贷记"投资性房地产"科目；按已计提的折旧或摊销，借记

"投资性房地产累计折旧（摊销）"科目，贷记"累计折旧"或"累计摊销"科目；原已计提减值准备的，借记"投资性房地产减值准备"科目，贷记"固定资产减值准备"或"无形资产减值准备"科目。

2）采用公允价值模式进行后续计量的投资性房地产转换为自用房地产。企业将采用公允价值模式计量的投资性房地产转换为自用房地产时，应当以转换当日的公允价值作为自用房地产的账面价值，公允价值与原账面价值的差额计入当期损益。

（2）非投资性房地产转换为投资性房地产

1）自用房地产转换为采用成本模式进行后续计量的投资性房地产。企业将自用土地使用权或建筑物转换为以成本模式计量的投资性房地产时，应当按该项建筑物或土地使用权在转换日的原价、累计折旧、减值准备等，分别转入"投资性房地产""投资性房地产累计折旧（摊销）""投资性房地产减值准备"科目；按其账面余额，借记"投资性房地产"科目，贷记"固定资产"或"无形资产"科目；按已计提的折旧或摊销，借记"累计折旧"或"累计摊销"科目，贷记"投资性房地产累计折旧（摊销）"科目；原已计提减值准备的，借记"固定资产减值准备"或"无形资产减值准备"科目，贷记"投资性房地产减值准备"科目。

2）自用房地产转换为采用公允价值模式进行后续计量的投资性房地产。企业将自用房地产转换为以公允价值模式计量的投资性房地产时，应当按该项建筑物或土地使用权在转换日的公允价值，借记"投资性房地产——成本"科目；按已计提的折旧或摊销，借记"累计折旧"或"累计摊销"科目；原已计提减值准备的，借记"固定资产减值准备"或"无形资产减值准备"科目，按其账面余额，贷记"固定资产"或"无形资产"科目。同时，转换日的公允价值小于账面价值的，按其差额，借记"公允价值变动损益"科目；转换日的公允价值大于账面价值的，按其差额，贷记"其他综合收益"科目。当该项投资性房地产处置时，因转换计入其他综合收益的部分应转入当期损益。

（3）投资性房地产的处置　当投资性房地产被处置，或者永久退出使用且预计不能从其处置中取得经济利益时，应当终止确认该项投资性房地产。

企业出售、转让、报废投资性房地产或者发生投资性房地产毁损时，应当将处置收入扣除其账面价值和相关税费后的金额计入当期损益（将实际收到的处置收入计入其他业务收入，所处置投资性房地产的账面价值计入其他业务成本)。

第八节 资产减值

资产减值是指资产的可收回金额低于其账面价值。资产减值是对资产未来可能流入企业的全部经济利益的一种判断，对企业的利润有着重要的影响。所以，企业通过确认资产价值，不仅可以消化长期积累的不良资产，而且还可以提高资产的质量，使资产能够真实地反映企业未来获取经济利益的实力。同时，实行资产减值会计可以使企业根据其实际情况合理地预计可能带来的损失，这样有利于提高资产的效益，降低潜在的风险，提高企业的风险防范能力。

1. 资产减值概述

(1) 资产减值的范围　资产减值对象主要包括以下资产：
1) 长期股权投资。
2) 采用成本模式进行后续计量的投资性房地产。
3) 固定资产。
4) 生产性生物资产。
5) 无形资产。
6) 商誉。
7) 探明石油天然气矿区权益和井及相关设施等。

(2) 资产减值的迹象与测试　资产减值迹象的判断原则为：公允价值下降，未来现金流量现值下降。

企业在判断资产减值迹象以决定是否需要估计资产可收回金额时，应当遵循重要性原则。根据这一原则企业资产存在下列情况的，可以不估计其可收回金额：

1) 以前报告期间的计算结果表明，资产可收回金额显著高于其账面价值，之后又没有发生消除这一差异的交易或者事项的，资产负债表日可以不重新估计该资产的可收回金额。

2) 以前报告期间的计算与分析表明，资产可收回金额相对于某种减值迹象反应不敏感,在本报告期间又发生了该减值迹象的,可以不因该减值迹象的出现而重新估计该资产的可收回金额。比如,当期市场利率或其他市场投资报酬率上升,对计算资产未来现金流量现值采用的折现率影响不大的,可以不重新估计资产的可收回金额。

2. 资产可收回金额的计量

(1) 资产的公允价值减去处置费用后的净额的估计　资产的公允价值减去处置费用后的净额,通常反映的是资产如果被出售或者处置时可以收回的净现金收入。

如果企业无法可靠估计资产的公允价值减去处置费用后的净额的,应当以该资产预计未来现金流量的现值作为其可收回金额。

(2) 资产预计未来现金流量现值的估计

1) 资产未来现金流量的预计。为了预计资产未来现金流量,企业管理层应当在合理和有依据的基础上对资产剩余使用寿命内整个经济状况进行最佳估计,并将资产未来现金流量的预计,建立在经企业管理层批准的最近财务预算或者预测数据之上。

预计的资产未来现金流量应当包括下列各项:

① 资产持续使用过程中预计产生的现金流入。

② 为实现资产持续使用过程中产生的现金流入所必需的预计现金流出(包括为使资产达到预定可使用状态所发生的现金流出)。

③ 资产使用寿命结束时,处置资产所收到或者支付的净现金流量。

企业预计资产未来现金流量,应当综合考虑下列因素:

① 以资产的当前状况为基础预计资产未来现金流量。

② 预计资产未来现金流量不应当包括筹资活动和所得税收付产生的现金流量。

③ 对通货膨胀因素的考虑应当和折现率相一致。

④ 涉及内部转移价格的需要作调整。

2) 资产未来现金流量现值的预计。在预计了资产的未来现金流量和折现率的基础上,企业将该资产的预计未来现金流量按照预计折现率在预计的资产使用期限内予以折现后,即可确定该资产未来现金流量的现值。

3. 资产减值损失的确认与计量

(1) 资产减值损失的确认　资产可收回金额确定后,如果可收回金额低于其账面价值的,企业应当将资产的账面价值减记至可收回金额,减记的金额确认为资产减值损失,计入当期损益,同时计提相应的资产减值准备。资产的账面价值是指资产成本扣减累计折旧(或累计摊销)和累计减值准备后的金额。

(2) 确认减值损失后折旧摊销的会计处理　资产减值损失确认后,减值资产的折旧或者摊销费用应当在未来期间作相应调整,以使该资产在剩余使用寿命内,系统地分摊调整后的资产账面价值(扣除预计净残值)。

(3) 减值准备转回的处理原则　其他资产减值损失一经确认,在以后会计期间不得转回。但是,遇到资产处置、出售、对外投资、以非货币性资产交换方式换出、在债务重组中抵偿债务等情况,同时符合资产终止确认条件的,企业应当将相关资产减值准备予以转销。

4. 资产组的认定及减值处理

(1) 资产组的认定　有迹象表明一项资产可能发生减值的,企业应当以单项资产为基础估计其可收回金额。企业难以对单项资产的可收回金额进行估计的,应当以该资产所属的资产组为基础确定资产组的可收回金额。

【案例】某矿业公司拥有一个煤矿,与煤矿的生产和运输相配套,建有一条专用铁路。该铁路除非报废出售,否则其在持续使用中,难以脱离煤矿相关的其他资产而产生单独的现金流入,因此,企业难以对专用铁路的可收回金额进行单独估计,专用铁路和煤矿其他相关资产必须结合在一起,成为一个资产组,以估计该资产组的可收回金额。

(2) 资产组减值测试　资产组减值测试的原理和单项资产是一致的,即企业需要预计资产组的可收回金额和计算资产组的账面价值,并将两者进行比较,如果资产组的可收回金额低于其账面价值的,表明资产组发生了减值损失,应当予以确认。

第九节 负　　债

负债可以分为流动负债和非流动负债。流动负债主要包括短期借款、应付票据、应付账款、预收账款、应交税费、应付股利及其他应付款等。非流动负债主要包括长期借款、公司债券及长期应付款等。

1. 流动负债

（1）短期借款　短期借款科目的核算是短期借款的本金增减变动的情况。短期借款的利息可以发生时直接计入财务费用。如果按季支付，按月可以预提，预提时通过"应付利息"科目核算。

（2）应付票据　应付票据是由出票人出票，付款人在指定日期无条件支付特定的金额给收款人或者持票人的票据。应付票据按是否带息分为不带息应付票据和带息应付票据两种。

（3）应付账款　应付账款一般按应付金额入账，而不按到期应付金额的现值入账。

（4）应交税费　应交税费包括企业依法应交纳的增值税、消费税、所得税、资源税、土地增值税、城市维护建设税、房产税、土地使用税、车船税和教育费附加等税费，以及在上缴国家之前，由企业代扣代缴的个人所得税等。

（5）应付股利　应付股利，是指企业经股东大会或类似机构审议批准分配的现金股利或利润。企业股东大会或类似机构审议批准的利润分配方案、宣告分派的现金股利或利润，在实际支付前，形成企业的负债。

（6）其他应付款　其他应付款是指应付、暂收其他单位或个人的款项，如应付经营租入固定资产租金、应付租入包装物租金和存入保证金等。企业采用售后回购方式融入的资金，应按实际收到的款项，借记"银行存款"科目，贷记"其他应付款"科目；回购价格与原销售价格之间的差额，应在售后回购期间内按期计提利息费用，借记"财务费用"科目，贷记"其他应付款"科目；按照合同约定购回该项商品时，应按实际支付的金额，借记"其他应付款"科目，贷记"银行存款"科目。

2. 非流动负债

非流动负债包含长期借款、公司债券、长期应付款。

第十节 职工薪酬

职工薪酬是指企业为获得职工提供的服务或解除劳动关系而给予各种形式的报酬或补偿。具体包括：短期薪酬、离职后福利、辞退福利和其他长期职工福利。企业提供给职工配偶、子女受赡养人、已故员工遗属及其他受益人等的福利，也属于职工薪酬。

1. 短期薪酬的确认与计量

企业应当在职工为其提供服务的会计期间，将实际发生的短期薪酬确认为负债，并计入当期损益，其他会计准则要求或允许计入资产成本的除外。

2. 离职后福利的确认与计量

（1）设定提存计划　设定提存计划是指向独立的基金缴存固定费用后，企业不再承担进一步支付义务的离职后福利计划。

企业应在资产负债表日确认为换取职工在会计期间内为企业提供的服务而应付给设定提存计划的提存金，并作为一项费用计入当期损益或相关资产成本。

（2）设定受益计划　设定受益计划是指除设定提存计划以外的离职后福利计划。

当企业通过以下方式负有法定义务时，该计划就是一项设定受益计划：

1）计划福利公式不仅仅与提存金金额相关，且要求企业在资产不足以满足该公式的福利时提供进一步的提存金。

2）通过计划间接地或直接地对提存金的特定回报做出担保。

在设定提存计划下，风险实质上要由职工来承担。在设定受益计划下，风险实质上由企业来承担。

3. 辞退福利的确认与计量

辞退福利是指企业在职工劳动合同到期之前解除与职工的劳动关系，或者为鼓励职工自愿接受裁减而给予职工的补偿。

企业向职工提供辞退福利的，应当在以下两者孰早日确认辞退福利产生的职工薪酬负债，并计入当期损益：

1）企业不能单方面撤回解除劳动关系计划或裁减建议所提供的辞退福利时。
2）企业确认涉及支付辞退福利的重组相关的成本或费用时。

4. 其他长期职工福利的确认与计量

其他长期职工福利指的是除短期薪酬、离职后福利和辞退福利以外的其他所有职工福利。其他长期职工福利包括以下各项（假设预计在职工提供相关服务的年度报告期末以后 12 个月内不会全部结算）：长期带薪缺勤、长期残疾福利、长期利润分享计划和长期奖金计划、递延酬劳等。

企业向职工提供的其他长期职工福利，符合设定提存计划条件的，应当按照设定提存计划的有关规定进行会计处理。符合设定受益计划条件的，企业应当按照设定受益计划的有关规定，确认和计量其他长期职工福利净负债或净资产。

第十一节 借款费用

借款费用是指企业因借款而发生的利息、折价或者溢价的摊销和辅助费用，以及因外币借款而发生的汇兑差额。它反映的是企业借入资金所付出的劳动和代价。借款费用包括借款利息、折价或者溢价的摊销、辅助费用以及因外币借款而发生的汇兑差额等。借款费用应予资本化的借款范围包括专门借款和一般借款。

【案例】某企业在北方某地建造某工程期间，遇上冰冻季节（通常为 6 个月），工程施工因此中断，待冰冻季节过后方能继续施工。由于该地区在施工期间出现较长时间的冰冻为正常情况，由此导致的施工中断是可预见的不可抗力因素导致的中断，属于正常中断。在正常中断期间所发生的借款费用可以继续资本化，计入相关资产的成本。

第十二节 或有事项

或有事项是指过去的交易或者事项形成的，其结果须由某些未来事件的发生或不发生才能决定的不确定事项。或有事项的结果是否发生具有不确定性，或者或有事项的结果预计将会发生，但发生的具体时间或金额具有不确定性。

1. 或有事项具有的特征

（1）由过去的交易或事项形成 或有事项的现存状况是过去交易或事项引起的客观存在。

（2）结果具有不确定性 或有事项的结果是否发生具有不确定性，或者或有事项的结果预计将会发生，但发生的具体时间或金额具有不确定性。

（3）由未来事项决定 或有事项的结果只能由未来不确定事项的发生或不发生才能决定。

常见的或有事项有：未决诉讼或未决仲裁、债务担保、产品质量保证（含产品安全保证）、环境污染整治、承诺、亏损合同和重组义务等。

2. 或有事项的确认和计量

（1）或有事项的确认 与或有事项相关的义务同时满足以下条件的，应当确认为预计负债：

1）该义务是企业承担的现时义务。这里所指的义务包括法定义务和推定义务。

2）履行该义务很可能导致经济利益流出企业。企业履行与或有事项相关的现时义务将导致经济利益流出的可能性超过50%。

3）该义务的金额能够可靠地计量。

（2）对预计负债账面价值的复核 企业应当在资产负债表日对预计负债的账面价值进行复核，有确凿证据表明该账面价值不能真实反映当前最佳估计数的，应当按照当前最佳估计数对该账面价值进行调整。

3. 或有事项会计的具体应用

（1）未决诉讼　对于未决诉讼，企业当期实际发生的诉讼损失金额与已计提的相关预计负债之间的差额，应分情况处理：

1）企业在前期资产负债表日，依据当时实际情况和所掌握的证据合理预计了预计负债，应当将当期实际发生的诉讼损失金额与已计提的相关预计负债之间的差额，直接计入或冲减当期营业外支出。

2）企业在前期资产负债表日，依据当时实际情况和所掌握的证据，原本应当能够合理估计诉讼损失，但企业所做的估计却与当时的事实严重不符（如未合理预计损失或不恰当地多计或少计损失），应当按照重大会计差错更正的方法进行处理。

3）企业在前期资产负债表日，依据当时实际情况和所掌握的证据，确实无法合理预计诉讼损失，因而未确认预计负债，则在该损失实际发生的当期，直接计入当期营业外支出。

4）资产负债表日后至财务报告批准报出日之间发生的需要调整或说明的未决诉讼，按照资产负债表日后事项的有关规定进行会计处理。

（2）债务担保　债务担保在企业中是较为普遍的现象。作为提供担保的乙方，在被担保方无法履行合同的情况下，常常承担连带责任。从保护投资者、债权人的利益出发，客观、充分地反映企业因担保义务而承担的潜在风险是十分必要的。

【案例】2016年10月，B公司从银行贷款2 000万元，期限两年，由A公司全额担保；2018年4月，C公司从银行贷款100万美元，期限一年，由A公司担保50%；2018年6月，D公司通过银行从G公司贷款1 000万元，期限两年，由A公司全额担保。截至2018年12月31日，各贷款单位的情况如下：B公司贷款逾期未还，银行已起诉B公司和A公司，A公司因连带责任需赔偿多少金额尚无法确定；C公司由于受政策影响和内部管理不善等原因，经营效益不如以往，可能不能偿还到期美元债务；D公司经营情况良好，预期不存在还款困难。

【解析】本例中，对B公司而言，A公司很可能需履行连带责任，但损失金额是多少，目前还难以预计；就C公司而言，A公司可能需履行连带责任；就D

公司而言，A 公司履行连带责任的可能性极小。这三项债务担保形成 A 公司的或有负债，不符合预计负债的确认条件，A 公司在 2018 年 12 月 31 日编制财务报表时，应当在附注中作相应披露。

（3）产品质量保证　产品质量保证通常指销售商或制造商在销售产品或提供劳务后，对客户提供服务的一种承诺。在约定期内（或终身保修），若产品或劳务在正常使用过程中出现质量或与之相关的其他属于正常范围的问题，企业负有更换产品、免费或只收成本价进行修理等责任。为此，企业应当在符合确认条件的情况下，于销售成立时确认预计负债。

（4）亏损合同　亏损合同存在标的资产的，应当对标的资产进行减值测试并按规定确认减值损失，如果预计亏损超过该减值损失，应将超过部分确认为预计负债；合同不存在标的资产的，亏损合同相关义务满足预计负债确认条件时，应当确认为预计负债。

预计负债的金额应是执行合同发生的损失和撤销合同发生的损失的较低者，即应该按照退出该项合同的最低净成本计量。

【案例】2017 年 1 月 1 日，甲公司采用经营租赁方式租入一条生产线生产 A 产品，租赁期四年。甲公司利用该生产线生产的 A 产品每年可获利 20 万元。2018 年 12 月 31 日，甲公司决定停产 A 产品，原经营租赁合同不可撤销，还要持续两年，且生产线无法转租给其他单位。

【解析】本例中，甲公司与其他公司签订了不可撤销的经营租赁合同，负有法定义务，必须继续履行租赁合同（交纳租金）。同时，甲公司决定停产 A 产品。因此，甲公司执行原经营租赁合同不可避免要发生的费用很可能超过预期获得的经济利益，属于亏损合同，应当在 2018 年 12 月 31 日，根据未来应支付的租金的最佳估计数确认预计负债。

4. 或有事项的列报

（1）预计负债的列报　企业应在会计报表附注中披露以下内容：

1）预计负债的种类、形成原因以及经济利益流出不确定性的说明。

2）各类预计负债的期初、期末余额和本期变动情况。

3）与预计负债有关的预期补偿金额和本期已确认的预期补偿金额。

（2）或有负债的披露　对于应予披露的或有负债，企业应在会计报表附注中披露以下内容：

1）或有负债的种类及其形成原因，包括已贴现商业承兑汇票、未决诉讼、未决仲裁、对外提供担保等形成的或有负债。

2）经济利益流出不确定性的说明。

3）或有负债预计产生的财务影响以及获得补偿的可能性，无法预计的，应当说明原因。

在涉及未决诉讼、未决仲裁的情况下，按相关规定披露全部或部分信息预期对企业造成重大不利影响的，企业无须披露这些信息，但应当披露该未决诉讼、未决仲裁的性质，以及没有披露这些信息的事实和原因。

（3）或有资产的披露　企业通常不应当披露或有资产，但或有资产很可能会给企业带来经济利益的，应当披露其形成的原因、预计产生的财务影响等。

第十三节　金融工具

金融工具是指形成一方的金融资产并形成其他方的金融负债或权益工具的合同。金融工具可以分为基础金融工具和衍生工具。

1. 金融资产和金融负债的分类和重分类

（1）金融资产的分类　企业应当根据其管理金融资产的业务模式和金融资产的合同现金流量特征，将金融资产划分为以下三类：

1）以摊余成本计量的金融资产。

2）以公允价值计量且其变动计入其他综合收益的金融资产。

3）以公允价值计量且其变动计入当期损益的金融资产。

（2）金融负债的分类　企业应当结合自身业务的特点和风险管理要求，对金融负债进行合理分类。企业对所有金融负债均不得进行重分类。

1）除下列各项外，企业应当将金融负债分类为以摊余成本计量的金融负债：

① 以公允价值计量且其变动计入当期损益的金融负债，包括交易性金融负

债（含属于金融负债的衍生工具）和指定为以公允价值计量且其变动计入当期损益的金融负债。

② 不符合终止确认条件或继续涉入被转移金融资产所形成的金融负债。

③ 部分财务担保合同以及不属于以公允价值计量且其变动计入当期损益的金融负债的、以低于市场利率贷款的贷款承诺。

2）公允价值选择权。在初始确认时，为了提供更相关的会计信息，企业可以将一项金融资产、一项金融负债或者一组金融工具（金融资产、金融负债或者金融资产及负债）指定为以公允价值计量且其变动计入当期损益的金融资产或金融负债，但该指定应当满足下列条件之一：

① 该指定能够消除或显著减少会计错配。

② 根据正式书面文件载明的企业风险管理或投资策略，以公允价值为基础对金融负债组合或金融资产和金融负债组合进行管理和业绩评价，并在企业内部以此为基础向关键管理人员报告。

2. 金融工具的计量

（1）金融资产和金融负债的初始计量　金融资产和金融负债的初始计量见表3-1。

表3-1　金融资产和金融负债的初始计量

分　类	初　始　成　本	公允价值与交易价格差额的会计处理
以公允价值计量且其变动计入当期损益的金融资产和金融负债	公允价值、交易费用计入当期损益	1）活跃市场报价或可观察输入值确定公允价值：计入当期利得或损失 2）其他方式确定公允价值：应予递延，后续摊销计入利得或损失
其他类别的金融资产或金融负债	公允价值+交易费用（资产）-交易费用（负债）	

另外，企业取得金融资产所支付的价款中包含的已宣告但尚未发放的债券利息或现金股利，应当单独确认为应收项目进行处理。

（2）金融资产的后续计量　金融资产的后续计量与金融资产的分类密切相关。企业应当对不同类别的金融资产，分别以摊余成本、以公允价值计量且其变动计入其他综合收益或以公允价值计量且其变动计入当期损益进行后续计量。

(3) 金融负债的后续计量

1) 金融负债后续计量原则。企业应当按照以下原则对金融负债后续计量：

① 以公允价值计量且其变动计入当期损益的金融负债。

② 金融资产转移不符合终止确认条件或继续涉入被转移金融资产所形成的金融负债。对此类金融负债，企业应当按照《企业会计准则第23号——金融资产转移》相关规定进行计量。

③ 不属于指定为以公允价值计量且其变动计入当期损益的金融负债的财务担保合同或没有指定为以公允价值计量且其变动计入当期损益并将以低于市场利率贷款的贷款承诺，企业作为此类金融负债发行方的，应当在初始确认后按照损失准备金额以及初始确认金额扣除累计摊销额后的余额孰高进行计量。

④ 上述金融负债以外的金融负债，应当按摊余成本后续计量。

2) 金融负债后续计量的会计处理。

① 对于以公允价值进行后续计量的金融负债，其公允价值变动形成利得或损失，除与套期会计有关外，应当计入当期损益。

② 以摊余成本计量且不属于任何套期关系的一部分的金融负债所产生的利得或损失，应当在终止确认时计入当期损益或在按照实际利率法摊销时计入相关期间损益。

(4) 金融工具的减值 企业应当以预期信用损失为基础，对下列项目进行减值会计处理并确认损失准备：

1) 分类为以摊余成本计量的金融资产和以公允价值计量且其变动计入其他综合收益的金融资产。

2) 租赁应收款。

3) 合同资产。

4) 部分贷款承诺和财务担保合同。

损失准备是指针对按照以摊余成本计量的金融资产、租赁应收款和合同资产的预期信用损失计提的准备，按照以公允价值计量且其变动计入其他综合收益的金融资产的累计减值金额以及针对贷款承诺和财务担保合同的预期信用损失计提的准备。

信用损失是指企业按照原实际利率折现的、根据合同应收的所有合同现金流量与预期收取的所有现金流量之间的差额,即全部现金短缺的现值。其中,对于企业购买或源生的已发生信用减值的金融资产,应按照该金融资产经信用调整的实际利率折现。由于预期信用损失考虑付款的金额和时间分布,因此,即使企业预计可以全额收款,但收款时间晚于合同规定的到期期限,也会产生信用损失。

预期信用损失是指以发生违约的风险为权重的金融工具信用损失的加权平均值。

第十四节 政府补助

一个国家的政府通过向企业提供经济支持,以鼓励或扶持特定行业、地区或领域的发展,是政府进行宏观调控的重要手段,也是国际上通行的做法。政府补助按照《企业会计准则第16号——政府补助》进行相应的会计处理。

政府补助是指企业从政府无偿取得货币性资产或非货币性资产。其主要形式包括政府对企业的无偿拨款、税收返还、财政贴息以及无偿给予非货币性资产等。

政府补助是政府提供给企业和个人的财富转移支付。政府补助效应通过收入效应和替代效应的发挥来改变预期,即政府补助改变产品和要素相对价格,一方面可能增加实际收入,另一方面可能改变产出或需求结构,进而可能重新配置资源。政府可以合理运用补贴工具来落实促进经济发展、贯彻产业政策和稳定经济的宏观政策[4]。

1. 政府补助的特征

1)政府补助是来源于政府的经济资源。

2)政府补助是无偿的。

2. 政府补助的分类

(1)与资产相关的政府补助 与资产相关的政府补助是指企业取得的、用于购建或以其他方式形成长期资产的政府补助。

(2)与收益相关的政府补助 与收益相关的政府补助是指除与资产相关的

政府补助之外的政府补助。通常在满足补助所附条件时计入当期损益或冲减相关资产的账面价值。

3. 政府补助的会计处理

关于政府补助的计量属性，准则规定，政府补助为货币性资产的，应当按照收到或应收的金额计量。政府补助的无偿性决定了其应当最终计入损益而非直接计入所有者权益。

其会计处理有两种方法：一是总额法，将政府补助全额确认为收益；二是净额法，将政府补助作为相关资产账面价值或所补偿费用的扣减。

4. 政府补助的列报

（1）政府补助在利润表上的列示　企业应当在利润表中的"营业利润"项目之上单独列报"其他收益"项目，计入其他收益的政府补助在该项目中反映；冲减相关成本费用的政府补助，在相关成本费用项目中反映；与企业日常经营活动无关的政府补助，在利润表的营业外收支项目中列报。

（2）政府补助的附注披露　企业应当在附注中披露与政府补助有关的下列信息：政府补助的种类、金额和列报项目，计入当期损益的政府补助金额，本期退回的政府补助的金额及原因。

第十五节　非货币性资产交换

非货币性资产交换是指交易双方主要以存货、固定资产、无形资产和长期股权投资等非货币性资产进行的交换。

认定涉及少量货币性资产的交换为非货币性资产交换，通常以补价占整个资产交换金额的比例低于25%作为参考。若该比例小于25%，则属于非货币性资产交换；若该比例大于及等于25%，则视为货币性资产交换，适用其他相关准则。

1. 非货币性资产的确认和计量

（1）确认和计量原则　非货币性资产交换的情况下，换入资产都有两种计量基础。

1）公允价值。公允价值计量时，应当以公允价值和应支付的相关税费作为换入资产的成本，公允价值与换出资产账面价值的差额计入当期损益。

2）账面价值。账面价值计量时，应当以账面价值和应支付的相关税费作为换入资产的成本，不确认损益。

（2）商业实质的判断　非货币性资产交换具有商业实质，是换入资产能够采用公允价值计量的重要条件之一。

1）判断条件。满足下列条件之一的非货币性资产交换具有商业实质：

① 换入资产的未来现金流量在风险、时间和金额方面与换出资产显著不同。

② 换入资产与换出资产的预计未来现金流量现值不同，且其差额与换入资产和换出资产的公允价值相比是重大的。

2）交换涉及的资产类别与商业实质的关系。不同类别非货币性资产交换一般具有商业实质。通常情况下，商品用于交换具有类似性质和相等价值的商品，这种非货币性资产交换不产生损益。

3）关联方之间资产交换与商业实质的关系。在确定非货币性资产交换是否具有商业实质时，企业应当关注交易各方之间是否存在关联方关系。关联方关系的存在可能导致发生的非货币性资产交换不具有商业实质。

2. 非货币性资产交换的会计处理

（1）以公允价值计量的会计处理　非货币性资产交换同时满足下列条件的，应当以换出资产的公允价值和应支付的相关税费作为换入资产的成本，公允价值与换出资产账面价值的差额计入当期损益：

1）该项交换具有商业实质。

2）换入资产或换出资产的公允价值能够可靠地计量。

（2）以换出资产的账面价值计量的会计处理　未同时满足准则规定的以下两个条件的非货币性资产，应当以换出资产的账面价值和为换入资产应支付的相

关税费作为换入资产的成本,不确认损益:

1)该项交换具有商业实质。

2)换入资产或换出资产的公允价值能够可靠地计量。

(3)涉及多项非货币性资产交换的会计处理　按照换入单项资产的原则确定换入资产成本总额,然后按比例分摊到各个单项资产。

1)非货币性资产交换具有商业实质,且换入资产的公允价值能够可靠计量的,应当按照换入各项资产的公允价值占换入资产公允价值总额的比例,对换入资产的成本总额进行分配,确定各项换入资产的成本。

2)非货币性资产交换不具有商业实质,或者虽具有商业实质但换入资产的公允价值不能可靠计量的,应当按照换入各项资产的原账面价值占换出资产原账面价值总额的比例,对换入资产的成本总额进行分配,确定各项换入资产的成本。

第十六节　租　　赁

租赁是指在约定的期间内,出租人将资产使用权让与承租人,以获取租金的协议。

1. 租赁的分类

承租人和出租人应当在租赁开始日将租赁分为融资租赁和经营租赁。

满足下列标准之一的,应当认定为融资租赁:

1)在租赁期届满时,资产的所有权转移给承租人。

2)承租人有购买租赁资产的选择权,所订立的购买价款预计远低于行使选择权时租赁资产的公允价值,因而在租赁开始日就可合理地确定承租人将会行使这种选择权。

3)租赁期占租赁资产使用寿命的大部分(≥75%)。

4)承租人在租赁开始日的最低租赁付款额现值几乎相当于租赁开始日租赁资产公允价值(≥90%);出租人在租赁开始日的最低租赁收款额现值几乎相当于租赁开始日租赁资产公允价值(≥90%)。

5) 租赁资产性质特殊，如果不作较大改造，只有承租人才能使用。

2. 承租人的会计处理

（1）承租人对经营租赁的会计处理　对于经营租赁的租金，承租人应当在租赁期内的各个期间按照直线法确认费用计入相关资产成本或当期损益；其他方法更为系统合理的，也可以采用其他方法。

1) 承租人在经营租赁中发生的初始直接费用，应当计入当期损益。

2) 或有租金应当在实际发生时计入当期损益。在某些情况下，出租人可能对经营租赁提供激励措施，如免租期、承担承租人的某些费用等。

3) 在出租人提供了免租期的情况下，承租人应将租金总额在整个租赁期内，而不是在租赁期扣除免租期后的期间内按直线法或其他合理的方法进行分摊，免租期内应确认租金费用。

4) 在出租人承担了承租人的某些费用的情况下，承租人应将该费用从租金总额中扣除，并将租金余额在租赁期内进行分摊。

（2）承租人对融资租赁的会计处理　在租赁期开始日，承租人应当将租赁开始日租赁资产公允价值与最低租赁付款额现值两者中较低者作为租入资产的入账价值，将最低租赁付款额作为长期应付款的入账价值，其差额作为未确认融资费用。承租人在租赁谈判和签订租赁合同过程中发生的、可归属于租赁项目的手续费、律师费、差旅费和印花税等初始直接费用，应当计入租入资产的价值。

3. 出租人的会计处理

（1）出租人对经营租赁的会计处理　在一般情况下，出租人应采用直线法将收到的租金在租赁期内确认为收入。但在以下特殊情况下，则应采用比直线法更系统合理的方法：

1) 经营租赁中出租人发生的初始直接费用，是指在租赁谈判和签订租赁合同过程中发生的可归属于租赁项目的手续费、律师费、差旅费和印花税等，应当计入当期损益。金额较大的应当资本化，在整个经营租赁期间内按照与确认租金收入相同的基础分期计入当期损益。

2) 对于经营租赁资产中的固定资产，应当采用出租人对类似应计提折旧资产通常所采用的折旧政策计提折旧。

3）在经营租赁下，出租人对或有租金的处理与融资租赁下相同，即在实际发生时计入当期损益。

4）出租人提供免租期的，出租人应将租金总额在不扣除免租期的整个租赁期内，按直线法或其他合理的方法进行分配，免租期内出租人应当确认租金收入。

（2）出租人对融资租赁的会计处理　在租赁期开始日，出租人应当将租赁开始日最低租赁收款额作为长期应收款的入账价值，同时记录未担保余值；将最低租赁收款额及未担保余值之和与融资租赁资产的公允价值和初始直接费用之和的差额确认为未实现融资收益。租赁资产公允价值与账面价值的差额，计入当期损益。

4. 售后租回交易的会计处理

（1）售后租回交易形成融资租赁　如果售后租回交易形成一项融资租赁，售价与资产账面价值之间的差额应予递延，并按该项租赁资产的折旧进度进行分摊，作为折旧费用的调整。

（2）售后租回交易形成经营租赁　企业售后租回交易认定为经营租赁的，应当分别情况处理：

1）如有确凿证据表明售后租回交易是按照公允价值达成的，售价与资产账面价值的差额应当计入当期损益。

2）如果售后租回交易不是按照公允价值达成的，则应分别按以下情况处理：

① 售价高于公允价值，售价高出公允价值的部分应予以递延，并在预计的使用期限内摊销。同时，公允价值与账面价值的差额应当计入当期损益。

② 售价低于公允价值，则所有损失应立即确认（计入当期损益），但该损失将由低于市价的未来租赁付款额补偿的，则应将其递延，并按租金支付比例分摊于预计的资产使用期限内。

第十七节　长期股权投资及合营安排

1. 长期股权投资

长期股权投资是指通过投资取得被投资单位的股份。企业对其他单位的股权投资，通常是为长期持有，以期通过股权投资达到控制被投资单位，或对被投资单位施加重大影响，或为了与被投资单位建立密切关系，以分散经营风险。股权投资通常具有投资大、投资期限长、风险大以及能为企业带来较大的利益等特点。

长期股权投资依据对被投资单位产生的影响，分为以下三种类型：

1）控制。

2）共同控制。

3）重大影响。

2. 合营安排

合营安排分为共同经营和合营企业。共同经营是指合营方享有该安排相关资产且承担该安排相关负债的合营安排。合营企业是指合营方仅对该安排的净资产享有权利的合营安排。

第十八节　财务报告

财务报告包括财务报表和其他应当在财务报告中披露的相关信息和资料。

1. 财务报表

财务报表是对企业财务状况、经营成果和现金流量的结构性表述。

2. 中期财务报告

（1）中期财务报告的定义　中期财务报告是指以中期为基础编制的财务

报告。

（2）中期财务报告的构成　中期财务报告至少应当包括资产负债表、利润表、现金流量表和附注。

（3）中期财务报告的编制要求　中期财务报告编制应遵循的原则有：

1）与年度财务报告相一致的会计政策原则。

2）重要性原则。

3）及时性原则。

第十九节　资产负债表日后事项

1. 资产负债表日后事项

资产负债表日后事项是指资产负债表日至财务报告批准报出日之间发生的有利或不利事项。

（1）资产负债表日后事项涵盖的期间　资产负债表日后事项所涵盖的期间是自资产负债表日次日起至财务报告批准报出日止的一段时间。

（2）资产负债表日后事项的内容　资产负债表日后事项包括资产负债表日后调整事项和资产负债表日后非调整事项。

1）调整事项。资产负债表日后调整事项是指对资产负债表日已经存在的情况提供了新的或进一步证据的事项。

以下是资产负债表日后调整事项：

① 资产负债表日后诉讼案件结案，法院判决证实了企业在资产负债表日已经存在现时义务，需要调整原先确认的与该诉讼案件相关的预计负债，或确认一项新负债。

② 资产负债表日后取得确凿证据，表明某项资产在资产负债表日发生了减值或者需要调整该项资产原先确认的减值金额。

③ 资产负债表日后进一步确定了资产负债表日前购入资产的成本或售出资产的收入。

④ 资产负债表日后发现了财务报表舞弊或差错。

2）非调整事项。资产负债表日后非调整事项是指表明资产负债表日后发生的情况的事项。

非调整事项的发生不影响资产负债表日企业的财务报表数字，只说明资产负债表日后发生了某些情况。对于财务报告使用者来说，非调整事项说明的情况有的重要，有的不重要。重要的非调整事项虽然不影响资产负债表日的财务报表数字，但可能影响资产负债表日以后的财务状况和经营成果，不加以说明将会影响财务报表使用者做出正确估计和决策。

以下是资产负债表日后非调整事项：

① 资产负债表日后发生重大诉讼、仲裁、承诺。
② 资产负债表日后资产价格、税收政策、外汇汇率发生重大变化。
③ 资产负债表日后因自然灾害导致资产发生重大损失。
④ 资产负债表日后发行股票和债券以及其他巨额举债。
⑤ 资产负债表日后资本公积转增资本。
⑥ 资产负债表日后发生巨额亏损。
⑦ 资产负债表日后发生企业合并或处置子公司。
⑧ 资产负债表日后企业利润分配方案中拟分配的以及经审议批准宣告发放的现金股利和利润。

2. 调整事项的会计处理

资产负债表日后发生的调整事项，应当如同资产负债表所属期间发生的事项一样，做出相关账务处理。

（1）调整事项的处理原则　资产负债表日后发生的调整事项需对资产负债表日已经编制的财务报表进行调整。

这里的财务报表包括资产负债表、利润表及所有者权益变动表等内容，但不包括现金流量表正表。

（2）调整事项的处理方法　资产负债表日后发生的调整事项，应当分别以下情况进行处理：

1）涉及损益的事项，通过"以前年度损益调整"科目核算，调整完成后，应将"以前年度损益调整"科目的贷方或借方余额，转入"利润分配——未分配利润"科目。

2）涉及利润分配调整的事项，直接在"利润分配——未分配利润"科目核算。

3）不涉及损益以及利润分配的事项，调整相关科目。

4）通过上述账务处理后，还应同时调整财务报表相关项目的数字，包括：

① 资产负债表日编制的财务报表相关项目的期末数或本年发生数。

② 当期编制的财务报表相关项目的期初数或上年数。

③ 经过上述调整后，如果涉及报表附注内容的，还应当调整报表附注相关项目的数字。

3. 非调整事项的会计处理

资产负债表日后发生的非调整事项，是表明资产负债表日后发生的情况的事项，与资产负债表日存在状况无关，不应当调整资产负债表日的财务报表。

（1）非调整事项的处理原则 有的非调整事项对财务报告使用者具有重大影响，如不加以说明，将不利于财务报告使用者做出正确估计和决策。因此，资产负债表日后事项准则要求在报表附注中披露"重要的资产负债表日后非调整事项的性质、内容，及其对财务状况和经营成果的影响"。

（2）非调整事项的处理方法 资产负债表日后发生的非调整事项，应当在报表附注中披露每项重要的资产负债表日后非调整事项的性质、内容，及其对财务状况和经营成果的影响。无法做出估计的，应当说明原因。

资产负债表日后，企业利润分配方案中拟分配的以及经审议批准宣告发放的股利或利润，不确认为资产负债表日负债，但应当在附注中单独披露。

【案例】甲公司2016年度财务报告附注中对资产负债表日后发行债券的说明：2016年10月17日，经中国证券监督管理委员会核准，甲公司获准向合格投资者公开发行债券的面值不超过20亿元（含20亿元）的公司债券；本次公司债券采用分期发行的方式，首期发行债券的面值不少于总发行面值的50%，自核准发行之日起6个月内完成；其余各期债券发行，自核准发行之日起24个月内完成。2017年1月26日，甲公司公开发行公司债券（第一期）面值10亿元，期限为 5 年，票面年利率为 6.60%。甲公司于 2017 年 1 月 27 日实际收到公司债券募集资金 99 430 万元（已扣除承销费 570 万元）。

第二十节　企业合并

企业合并是将两个或两个以上单独的企业（主体）合并形成一个报告主体的交易或事项。

1. 企业合并的方式

企业合并的方式分为三种：控股合并、吸收合并、新设合并。

2. 企业合并的类型

企业合并的类型包括同一控制下企业合并和非同一控制下企业合并。

第二十一节　合并财务报表

合并财务报表是以企业集团为会计主体编制的财务报表。

1. 合并财务报表的合并理论

到目前为止，编制合并财务报表的理论主要有母公司理论、实体理论以及所有权理论等。

目前国际财务报告准则及我国企业会计准则主要采用的是实体理论。

（1）合并范围的确定　合并财务报表的合并范围应当以控制为基础予以确定。

（2）合并财务报表编制原则及程序

1）合并财务报表的编制除遵循财务报表编制的一般原则和要求外，还应遵循以下原则和要求：

① 以个别财务报表为基础编制。

② 一体性原则。

③ 重要性原则。

2）合并财务报表的构成。合并财务报表至少包括合并资产负债表、合并利润表、合并所有者权益变动表（或合并股东权益变动表）、合并现金流量表和附注。

3）合并财务报表编制的前期准备事项：统一母子公司的会计政策，统一母子公司的资产负债表日及会计期间，对子公司以外币表示的财务报表进行折算，以及收集编制合并财务报表的相关资料。

4）合并财务报表的编制程序。主要分为五个步骤：

① 设置合并工作底稿。

② 将母公司、纳入合并范围的子公司个别资产负债表、利润表及所有者权益变动表各项目的数据过入合并工作底稿，并在合并工作底稿中对母公司和子公司个别财务报表各项目的数据进行加总，计算得出个别资产负债表、个别利润表及个别所有者权益变动表各项目合计数额。

③ 编制调整分录与抵销分录。

④ 计算合并财务报表各项目的合并金额。

⑤ 填列合并财务报表。

2. 编制合并财务报表需要调整抵销的项目

作为企业集团（一体性）不存在的事项均应抵销。

3. 特殊交易在合并财务报表中的处理

（1）追加投资的会计处理　母公司购买子公司少数股东拥有的子公司股权的，在母公司个别财务报表中，其自子公司少数股东处新取得的长期股权投资应当按照《企业会计准则第2号——长期股权投资》的规定确定其入账价值。

在合并财务报表中，子公司的资产、负债应以购买日或合并日所确定的净资产价值开始持续计算的金额反映，因购买少数股权新取得的长期股权投资与按照新增持股比例计算应享有子公司自购买日或合并日开始持续计算的净资产份额之间的差额，应当调整母公司个别财务报表中的资本公积（资本溢价或股本溢价），资本公积不足冲减的，调整留存收益。

（2）处置对子公司投资的会计处理

1）在不丧失控制权的情况下部分处置对子公司长期股权投资。母公司不丧失控制权的情况下部分处置对子公司的长期股权投资的，在母公司个别财务报表中作为长期股权投资的处置，确认有关处置损益。即出售股权取得的价款或对价的公允价值与所处置投资账面价值的差额，应作为投资收益或损失计入处置投资当期母公司的个别财务报表。

在合并财务报表中，因出售部分股权后，母公司仍能够对被投资单位实施控制，被投资单位应当纳入母公司合并财务报表。因此，在合并财务报表中，处置价款与处置长期股权投资相对应享有子公司自购买日或合并日开始持续计算的净资产份额之间的差额，应当调整资本公积（资本溢价或股本溢价），资本公积不足冲减的，调整留存收益。

2）母公司因处置对子公司长期股权投资而丧失控制权。

3）本期减少子公司时如何编制合并财务报表。在本期出售转让子公司部分股份或全部股份，丧失对该子公司的控制权而使其成为非子公司的情况下，应当将其排除在合并财务报表的合并范围之外。

（3）因子公司少数股东增资导致母公司股权稀释　由于子公司的少数股东对子公司进行增资，导致母公司股权稀释，母公司应当按照增资前的股权比例计算其在增资前子公司账面净资产中的份额，该份额与增资后按母公司持股比例计算的增资后子公司账面净资产份额之间的差额计入资本公积，资本公积不足冲减的，调整留存收益。

（4）交叉持股的合并处理　交叉持股，是指在由母公司和子公司组成的企业集团中，母公司持有子公司一定比例股份，能够对其实施控制，同时子公司也持有母公司一定比例股份，即相互持有对方的股份。

（5）逆流交易的合并处理　如果母子公司之间发生逆流交易，即子公司向母公司出售资产，则所发生的未实现内部交易损益，应当按照母公司对该子公司的分配比例在"归属于母公司所有者的净利润"和"少数股东损益"之间分配抵销。

（6）其他特殊交易　站在企业集团合并财务报表角度的确认和计量结果与其所属的母公司或子公司的个别财务报表层面的确认和计量结果不一致的，在编制合并财务报表时，应站在企业集团角度对该特殊交易事项予以调整。

4. 所得税会计相关的合并处理

(1) 内部应收款项相关的所得税会计的合并抵销处理

1) 抵销个别报表中确认的递延所得税资产的期初数。

2) 抵销个别报表中确认的递延所得税资产的期初数与期末数的差额。

(2) 内部交易存货相关所得税会计的合并处理

1) 内部存货未计提存货跌价准备。计算公式为

$$\text{递延所得税资产的期末余额} = \text{期末存货中未实现内部销售利润（可抵扣暂时性差异）} \times \text{所得税税率}$$

2) 内部存货已计提存货跌价准备。

① 确认本期合并财务报表中递延所得税资产的期末余额（即列报金额）。计算公式为

$$\text{递延所得税资产的期末余额} = \text{期末合并财务报表中存货可抵扣暂时性差异余额} \times \text{所得税税率}$$

合并财务报表中存货账面价值为站在合并财务报表角度期末结存存货的价值，即集团内部销售方（不是购货方）存货成本与可变现净值孰低的结果。

合并财务报表中存货计税基础为集团内部交易购货方期末结存存货的成本。

② 调整合并财务报表中本期递延所得税资产。计算公式为

$$\text{本期期末递延所得税资产的调整金额} = \text{合并财务报表中递延所得税资产的期末余额} - \text{购货方个别财务报表中已确认的递延所得税资产的期末余额}$$

(3) 内部交易固定资产等相关所得税会计的合并处理

1) 确认本期合并财务报表中递延所得税资产的期末余额（即列报金额）。计算公式为

$$\text{递延所得税资产的期末余额} = \text{期末合并财务报表中固定资产可抵扣暂时性差异余额} \times \text{所得税税率}$$

合并财务报表中固定资产账面价值为集团内部销售方（不是购货方）期末固定资产的账面价值。合并财务报表中固定资产计税基础为集团内部购货方期末按税法规定确定的账面价值。

2) 调整合并财务报表中本期递延所得税资产。计算公式为

$$\begin{array}{l}\text{本期递延所得税}\\ \text{资产期末调整金额}\end{array} = \begin{array}{l}\text{合并财务报表中递延}\\ \text{所得税资产的期末余额}\end{array} - \begin{array}{l}\text{购货方个别财务报表中已确认}\\ \text{的递延所得税资产的期末余额}\end{array}$$

5. 合并现金流量表的编制

（1）合并现金流量表概述　合并现金流量表是综合反映母公司及其子公司组成的企业集团，在一定会计期间现金流入、现金流出数量以及其增减变动情况的财务报表。现金流量表要求按照收付实现制反映企业经济业务引起的现金流入和现金流出。

（2）编制合并现金流量表需要抵销的项目　编制合并现金流量表时需要进行抵销处理的项目：

1）母公司与子公司、子公司相互之间当期以现金投资或收购股权增加的投资所产生的现金流量。

2）母公司与子公司、子公司相互之间当期取得投资收益收到的现金与分配股利、利润或偿付利息支付的现金。

3）母公司与子公司、子公司相互之间以现金结算债权与债务所产生的现金流量。

4）母公司与子公司、子公司相互之间当期销售商品所产生的现金流量。

5）母公司与子公司、子公司相互之间处置固定资产、无形资产和其他长期资产收回的现金净额与购建固定资产、无形资产和其他长期资产支付的现金等。

6）母公司与子公司相互之间当期发生的其他内部交易所产生的现金流量等。

第四章

财务管理

财务管理是组织企业财务活动，处理财务关系的一项经济管理工作；是在一定的整体目标下，关于资产的购置（投资），资本的融通（筹资）和有关资金的筹集、投放和分配的管理工作。财务管理是企业管理的一个组成部分。

第一节 财务管理的基本原理

1. 企业组织形式

企业的组织形式分为公司制企业、个人独资企业以及合伙企业。

2. 财务管理主要内容

1）长期投资的投资主体是公司，投资对象是经营性长期资产。长期投资的直接目的是获取生产经营所需的固定资产，并运用这些资源赚取营业利润。

2）长期筹资的主体是公司，对象是长期资本，包括权益资本和长期债务资本。长期筹资的目的是满足长期资本的需要，即按照投资时间结构安排筹资时间结构，以降低利率风险和偿债风险。

3）营运资本管理主要是制定营运资本投资政策，包括现金、应收账款和存货管理。营运资本筹资管理是制定营运资本筹资政策，确定如何筹措短期资本及确定短期资本筹资比例。

3. 财务管理的目标

财务管理的目标有三类，分别为利润最大化、每股收益最大化、股东财富最大化。

4. 利益相关者的要求

对利益相关者的要求有：
1）股东与经营者之间的利益冲突与协调。
2）股东与债权人之间的利益冲突与协调。
3）股东与其他利益相关者之间的利益冲突与协调。

5. 财务管理的核心概念

（1）货币的时间价值　货币的时间价值是指货币经历一定时间的投资和再投资后所增加的价值。财务管理最基本的概念是货币的时间价值。

（2）风险与报酬　风险与报酬是为了把未来的收入和成本折现，必须确定货币的机会成本和利率。具体的利率是由风险和报酬的权衡关系确定的。投资者必须对风险与报酬做出权衡。

6. 财务管理的基本理论

财务管理的基本理论包括：现金流量理论、价值评估理论、风险评估理论、投资组合理论以及资本结构理论。

7. 金融工具

金融工具有固定收益证券、权益证券、衍生证券。

8. 金融市场

（1）金融市场类型　金融市场的类型主要有货币市场与资本市场、债务市场与股权市场、一级市场与二级市场、场内交易市场与场外交易市场。

（2）金融市场参与者　金融市场的参与者有居民、公司、政府。

(3) 金融市场的功能　金融市场的基本功能为资金融通功能、风险分配功能；附带功能为价格发现功能、调节经济功能、节约信息成本。

第二节　财务报表分析和财务预测

1. 财务报表分析的目的与方法

1) 现代财务报表分析的维度基于哈佛分析框架，一般包括战略分析、会计分析、财务分析和前景分析等四个维度。

2) 财务报表分析方法分为比较分析法和因素分析法。比较分析法是对两个或两个以上可比数据进行对比，从而揭示趋势或差异。因素分析法是依据财务指标与其驱动因素之间的关系，从数量上确定各因素对指标影响程度的一种方法。

2. 财务比率分析

（1）短期偿债能力比率　短期偿债能力是指偿还流动负债的能力，具体有存量指标和流量指标两种衡量方法。

（2）长期偿债能力比率　长期偿债能力是指偿还债务本金和利息的能力，具体分为存量指标和流量指标。

（3）营运能力比率　营运能力指标是衡量企业资产管理效率的指标，具体有三种表示形式，即周转次数、周转天数以及资产与收入比。

（4）盈利能力比率　盈利能力比率分为：营业净利率、总资产净利率和权益净利率。营业净利率＝净利润/营业收入×100%；总资产净利率＝净利润/总资产×100%；权益净利率＝净利润/股东权益×100%。

（5）市价比率　市盈率＝每股市价/每股收益；市净率＝每股市价/每股净资产；市销率＝每股市价/每股营业收入。

（6）杜邦分析体系　杜邦分析体系的核心比率是权益净利率。权益净利率具有很强的可比性与综合性。

（7）管理用财务报表体系　管理用财务报表类型分别为管理用资产负债表、管理用利润表、管理用现金流量表。

3. 财务预测的方法

财务预测的方法主要为销售百分比法、回归分析法、运用电子系统预测。

4. 增长率与资本需求的测量

（1）内含增长率的测算　内含增长率是指没有可动用金融资产，且外部融资为零（即外部融资增长比为零）时的销售增长率。

1）假设外部融资销售增长比为零，且没有可动用金融资产，即：经营资产销售百分比－经营负债销售百分比－[（1＋销售增长率）/销售增长率]×预计营业净利率×(1－预计股利支付率)＝0，求得销售增长率，即内含增长率。

2）假设外部融资额为零，且没有可动用金融资产，即：基期营业收入×销售增长率×经营资产销售百分比－基期营业收入×销售增长率×经营负债销售百分比－基期营业收入×(1＋销售增长率)×预计营业净利率×(1－预计股利支付率)＝0，根据上式计算的销售增长率就是内含增长率。

（2）可持续增长率的测算

1）根据期初股东权益计算可持续增长率。

可持续增长率＝本期净利润×本期利润留存率/期初股东权益

＝期初权益净利率×本期利润留存率

＝营业净利率×$\dfrac{期末总资产}{周转次数}$×$\dfrac{期末总资产}{期初权益乘数}$×$\dfrac{本期利润}{留存率}$

2）根据期末股东权益计算可持续增长率。

可持续增长率＝本期利润留存/(期末股东权益－本期利润留存)

＝$\dfrac{期末权益}{净利率}$×$\dfrac{本期利润}{留存率}$ / $\left(1-\dfrac{期末权益}{净利率}×\dfrac{本期利润}{留存率}\right)$

＝营业净利率×$\dfrac{期末总资产}{周转次数}$×$\dfrac{期末总资产}{权益乘数}$×$\dfrac{本期利润}{留存率}$ / $\left(1-营业净利率×\dfrac{期末总资产}{周转次数}×\dfrac{期末总资产}{权益乘数}×\dfrac{本期利润}{留存率}\right)$

第三节 价值评估基础

1. 利率

（1）基准利率及其特征　基准利率是指中国人民银行（央行）对国家专业银行和其他金融机构规定的存贷款利率。其主要特征为市场化、基础性、传递性。

（2）利率的影响因素　利率受纯粹利率和风险溢价的影响。

（3）利率的期限结构　利率的期限结构是指某一时点上不同期限债券的到期收益率与到期期限之间的关系，它反映的是长期利率和短期利率的关系。

2. 货币时间价值

（1）复利终值　复利终值是指现在特定的一笔资金按照复利计算的一定期间后的价值。

（2）复利现值　复利现值是指未来一定期间后的价值按照复利计算的现在价值。

（3）普通年金现值　普通年金现值是每期期末等额资金的复利现值之和。

（4）投资回收额　投资回收额是为使年金现值达到既定金额每期期末应该收付的数额。

（5）普通年金终值　普通年金终值指每期期末相等资金的复利终值之和。

（6）偿债基金　偿债基金是指为使年金终值达到既定金额每期期末应收付的金额。

（7）预付年金现值　预付年金现值是指每期期初等额资金的复利现值之和。

（8）预付年金终值　预付年金终值是指每期期初等额资金的复利终值之和。

（9）递延年金现值　递延年金现值是指距现在若干期以后每期期末发生等额的一列款项的复利现值之和。

（10）递延年金终值　递延年金终值是指距现在若干期以后每期期末发生等额的一列款项的复利终值之和。

（11）永续年金现值　永续年金是指无限期发生的年金，如每年支付的优先股股息。永续年金只有现值,没有终值。

3. 风险与报酬

(1) 资产的风险与报酬

1) 预期值:随机变量的各个取值,以相应的概率为权数的加权平均数,即预期值或均值。

2) 方差与标准差:方差用来表示随机变量与期望值之间离散程度的一个量,它是离差平方的加权平均数。标准差是方差的平方根。

3) 变异系数:是标准差与均值之比,它是从相对角度观察差异和离散程度的统计量指标。

(2) 投资组合的风险与报酬

1) 证券组合的期望报酬率:组合中各项证券(资产)期望报酬率的加权平均数。其计算公式为

$$r_p = \sum_{j=1}^{m} r_j A_j$$

式中　r_p——证券组合的期望报酬率;

r_j——第 j 种证券的期望报酬率;

A_j——第 j 种证券的投资比重。

2) 证券组合的标准差:证券组合的标准差不是单个证券标准差的加权平均。证券组合的风险不仅受到各证券风险影响,还受到证券之间相互关系的影响。两种证券组合的标准差 σ_p 的计算公式为

$$\sigma_p = \sqrt{A_1^2 \sigma_1^2 + A_2^2 \sigma_2^2 + 2A_1 A_2 r_{1-2} \sigma_1 \sigma_2}$$

式中　A_1、A_2——两种证券的投资比重;

σ_1、σ_2——两种证券的标准差;

r_{1-2}——两种证券的相关系数。

3) 投资组合的机会集:机会集是在既定的相关系数下,由于投资比例变化而形成的投资组合点的轨迹,反映风险与期望报酬率的权衡关系。

4) 资本市场线:资本市场线是通过无风险资产报酬率,向风险资产有效边界所做的切线(即同时持有无风险资产和风险资产),切点为市场均衡点 M。资本市

场线的纵轴代表的是"无风险资产与市场组合"构成的投资组合的期望报酬率，横轴代表的是"无风险资产与市场组合"构成的投资组合的标准差（见图4-1）。

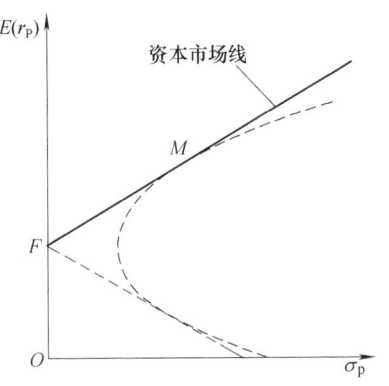

图4-1 资本市场线

（3）资本资产定价模型

1）资本资产定价模型的意义：资本资产定价模型揭示了证券投资的必要报酬率与系统风险之间关系。其公式为

$$R_j = R_f + \beta \times (R_m - R_f)$$

式中　R_j——股票的必要报酬率；
　　　R_f——无风险报酬率（国库券报酬率）；
　　　R_m——平均股票必要报酬率（市场组合必要报酬率）；
　　　β——系统性风险；

$(R_m - R_f)$——风险价格（市场风险溢价）。

2）证券市场线：证券市场线揭示了在市场均衡的状态下，股票的必要报酬率与β值（系统性风险）的线性关系。证券市场线是一条市场均衡线，即每项资产的期望报酬率应该等于其必要报酬率。

第四节　资　本　成　本

1. 资本成本的概念和用途

（1）资本成本的概念　资本成本是指投资资本的机会成本。这种成本不是实际支付的成本,而是一种失去的收益,是将资本用于本项目投资所放弃的其他投资机会的收益。

(2) 资本成本的主要用途　资本成本的主要用途有投资决策、筹资决策、营运资本管理、企业价值评估和业绩评价。

(3) 资本成本的影响因素　资本成本的影响因素分为外部因素(利率、市场风险溢价、税率)与内部因素(资本结构和投资政策)。

2. 债务资本成本的估计

(1) 债务资本成本的特点　估计债务资本成本就是确定债权人要求的收益率。由于债权人承担的风险低于股东,即其期望的报酬率低于股东,所以债务筹资的资本成本低于权益筹资的成本。

(2) 债务资本成本的区分　区分历史成本和未来成本;区分承诺收益与期望收益;区分长期债务和短期债务。

(3) 债务资本成本估计　债务资本成本估计的方法有两种:税前债务资本成本的估计和税后债务资本成本的估计。

3. 普通股资本成本估计

(1) 不考虑发行费用的普通股资本成本估计　该资本成本估计有两种模型:资本资产定价模型和股利增长模型。

(2) 考虑发行费用的普通股资本成本估计　新发行普通股会发生发行费用。如果将发行费用考虑在内,则新发行普通股资本成本的计算公式为

$$r_s = \frac{D_1}{P_0 \times (1-F)} + g$$

式中　r_s——普通股资本成本;

D_1——预期下年现金股利额;

P_0——普通股当前市价;

F——发行费用率;

g——现金股利预计年增长率。

4. 混合筹资资本成本估计

混合筹资包括优先股筹资、永续债筹资、可转换债券筹资和附认股权证债券筹资。优先股资本成本包括股息和发行费用。永续债是具有权益属性的债务工具，其利息是一种永续年金。

5. 加权平均资本成本的计算

加权平均资本成本是公司按照各种长期资本构成比例为权重计算的加权平均值，其计算公式为

$$r_w = \sum_{j=1}^{n} r_j W_j$$

式中　r_w——加权平均资本成本；

　　　r_j——第 j 种筹资方式的资本成本；

　　　W_j——第 j 种筹资方式的资本占全部资本比重。

第五节　投资项目资本预算

1. 投资项目类型与评价程序

（1）投资项目类型

1）按投资对象划分为：新产品开发或现有产品的规模扩张项目、设备或厂房的更新项目、研究与开发项目、勘探项目以及其他项目（如劳动保护设施建设、购置污染控制装置等）。

2）按投资项目之间的关系划分为：

① 独立项目：相容性投资，各投资项目之间互不关联、互不影响，可以同时并存。

② 互斥项目：非相容性投资，各投资项目之间相互关联、相互替代，不能同时并存。

（2）投资项目评价程序

1）提出项目投资方案。新产品方案通常来自研发部门或营销部门,设备更新的建议通常来自生产部门。

2）估计投资方案的相关现金流量。

3）计算投资方案的价值指标。

4）比较价值指标与可接受标准。

5）对已经接受的方案进行敏感分析。

2. 投资项目的评价方法

（1）独立项目评价方法

1）净现值法。净现值（NPV）是指特定项目未来现金流入量现值与未来现金流出量现值之间的差额,即:净现值 = 现金流入量现值 - 现金流出量现值。

2）现值指数法。指数（PI）是指投资项目未来现金净流量总现值与原始投资额总现值的比值,即:现值指数 = 未来现金净流量总现值/原始投资额总现值。

3）内含报酬率法。内含报酬率（IRR）是指能够使未来现金流入量现值等于未来现金流出量现值的折现率,或者说是使投资项目净现值为零的折现率。

4）回收期法。回收期是指投资引起的现金流入累计到与投资额相等所需要的时间,包含静态回收期（非折现）和动态回收期（折现）。

5）会计报酬率法。会计报酬率是指根据会计报表数据计算的年平均净利润与原始投资额之比,即:会计报酬率 = 年平均净利润/原始投资额 × 100%。

（2）互斥项目的优选问题

1）互斥项目的寿命期相同。用净现值和内含报酬率评价出现矛盾（投资额不同引起）,则应以净现值法的结论优先。

2）互斥项目的寿命期不同。用净现值和内含报酬率评价出现矛盾,其解决办法为:

① 共同年限法。假设投资项目可以在终止时进行重置,通过重置使其达到相同的年限,然后比较其调整后的净现值,选择净现值最大的方案。

② 等额年金法。等额年金法是用于期限不同的互斥项目比较的另一种方法,相比共同年限法更简单。其计算步骤如下:计算两项目的净现值→计算净现值的等额年金额（净现值/普通年金现值系数）→计算项目的永续净现值（等额年金

额/资本成本),即等额年金的资本化。

(3) 总量有限时的资本分配　当投资资本总量有限制时,可根据现值指数的大小排序来选取项目组合,并根据组合的投资额与限定的投资总额计算各组合的净现值合计,并选择能产生最大净现值的组合。

3. 投资项目现金流量的估计

(1) 投资项目现金流量的构成　投资项目现金流量的构成部分有:项目初始现金流量、项目寿命期内现金流量和项目寿命期末现金流量。

(2) 投资项目现金流量的影响因素　影响因素有:区分相关成本和非相关成本、不要忽视机会成本、要考虑投资方案对公司其他项目的影响以及对营运资本的影响。

(3) 新建投资项目现金流量的估计

1) 项目初始阶段现金流量。

① 新购置固定资产的支出(-)。

② 额外资本支出(运输费、安装费、调试费、加盟费等)(-)。

③ 占用原有资产(如原有的土地、厂房、设备和原材料等):占用原有资产的变现价值(-)、丧失的变现损失抵税(变现价值小于账面价值)(-)、节约变现收益多交税(变现价值大于账面价值)(+)。相关计算公式为

变现损失抵税 = (账面价值 - 变现价值) × 所得税税率

变现收益多交税 = (变现价值 - 账面价值) × 所得税税率

④ 营运资本需要(投入或垫支)。

2) 项目寿命期内营业现金毛流量。

① 直接法。

营业现金毛流量 = 营业收入 - 付现营业费用 - 所得税

② 间接法。

营业现金毛流量 = 税前经营利润 × (1 - 所得税税率) + 折旧

③ 根据所得税对收入、费用和折旧的影响计算。

营业现金毛流量 = 营业收入 × (1 - 所得税税率) - 付现营业费用 ×

(1 - 所得税税率) + 折旧 × 所得税税率

3）项目寿命期末现金流量。

① 垫支营运资本的收回（+）。

② 处置或出售资产的变现价值（+）：提前变现（项目寿命期短于税法规定折旧年限）、正常使用终结（项目寿命期等于税法规定折旧年限）、延期使用（项目寿命期大于税法规定折旧年限）。

③ 变现净收益（净损失）影响所得税。变现价值大于账面价值形成净收益多缴所得税视为现金流出（-）。

(4) 固定资产更新项目现金流量的估计

1）固定资产更新决策现金流量的特点。固定资产更新决策一般不改变生产能力，税后营业收入是不相关现金流量。更新决策的现金流量主要是现金流出，对于残值变现收入，视为现金流出的抵减。

2）固定资产更新项目现金流量的估计应该注意的问题。

① 把使用新设备和使用旧设备视为一对互斥项目，此时计算使用新设备产生的相关现金流量时，不需要考虑旧设备变现问题。

② 计算继续使用旧设备的初始现金流量时，丧失的变现价值视为现金流出量。由于变现价值小于账面价值而丧失的变现损失抵税视为现金流出量（变现价值大于账面价值而节约的变现收益应交所得税视为现金流入）。

③ 旧设备预计使用年限超过税法规定年限，超龄使用不再补提折旧。

3）固定资产更新项目决策方法。决策方法有平均年成本法和总成本法。

4. 投资项目折现率的估计

使用企业当前加权平均资本成本作为投资项目的资本成本，运用可比公司法估计投资项目的资本成本。

5. 投资项目的敏感性分析

敏感性分析是投资项目评价中常用的一种研究不确定性的方法，它在确定性分析的基础上，进一步分析不确定性因素对投资项目的最终经济效果指标的影响及影响程度。如果某参数的小幅度变化就能导致经济效果指标较大幅度变化，则此参数就是敏感因素。

(1) 敏感性分析的作用

1) 确定影响项目经济效益的敏感因素。

2) 计算主要变量因素的变化引起经济效益评价指标变动的范围，以减少或避免不利因素的影响，改善和提高项目的投资效果。

3) 通过各种方案敏感度大小的对比，选择敏感度小的方案，即风险低的项目。

4) 通过对经济效果的变动范围分析，为决策者预测可能出现的风险程度，并对原方案采取控制措施或寻找替代方案，为确定可行方案提供可靠依据。

(2) 敏感性分析的方法　敏感性分析方法通常假定在其他变量不变的情况下，分析某一个变量（如单价、销售量、单位变动成本、固定成本、初始投资、营运资本、寿命期和建设期等）发生特定变化时对净现值（或内含报酬率）的影响。主要包括两种方法，即最大最小法和敏感程度法。

第六节　债券、股票价值评估

1. 债券的类型

债券是筹资者为筹集资金而发行的、在约定时间支付一定比例的利息、到期偿还本金的有价证券。

债券按照不同的标准有以下几种分类：记名债券和无记名债券、可转换债券和不可转换债券、抵押债券和信用债券、上市债券和非上市债券、到期一次债券和分期债券、政府债券、地方政府债券、公司债券和国际债券。

2. 债券价值评估方法

债券价值是发行者按照合同规定从现在至到期日所支付款项的现值。其中的折现率是当前等风险投资的市场利率，即投资人要求的报酬率。

决策原则：如果债券价值大于市价，该债券可以投资。

(1) 债券价值的评估

1) 新发行债券价值的评估。新发行债券价值是指在发行时点的债券价值。

① 平息债券。即利息在到期时间内平均支付的债券，其价值计算公式为

$$V_d = 债券面值 \times 计息期票面利率 \times (P/A, r_d, n) + 债券面值 \times (P/F, r_d, n)$$

式中　V_d——债券价值；

P/A——年金现值系数；

P/F——复利现值系数；

r_d——计息期折现率，一般采用等风险投资的市场利率；

n——计息期数。

② 纯贴现债券。也称零息债券，即承诺在未来某一确定日期按面值支付的债券。其价值计算公式为

$$V_d = 债券面值 \times (P/F, r_d, n)$$

到期一次还本付息债券价值计算公式为

$$V_d = 到期本利和 \times (P/F, r_d, n)$$

2）流通债券价值的评估。流通债券是指已发行并在二级市场上流通的债券。其特点一是到期时间小于债券发行在外的时间，二是估值的时点不在发行日，可能会产生"非整数计息期"问题。

其计算步骤为：

① 计算流通债券在下一个计息日的价值（对于平息债券包含该计息日支付的利息）。

② 将流通债券在下一个计息日的价值折现到估值时点（即当前）。此时对于"非整数计息期"折现问题，注意不能改变折现率，只能按照分数折现期折现。

3. 债券的到期收益率

债券的到期收益率是以特定价格购买债券并持有至到期日所能获得的报酬率。它是使未来现金流量现值等于债券购买价格的折现率。

4. 普通股价值评估方法

股票价值是指普通股价值是普通股预期能够提供的所有未来现金流量的现值。未来现金流量包括股利收入和出售股票的售价。若股东永久持有股票，则只考虑股利现金流量。其中的折现率一般采用股权资本成本或股权投资的必要报酬率。

决策原则：如果股票价值大于市价，该股票可以投资。

股票价值的评估方法为：

1）无限期零增长股票的价值：即从当前开始，未来股利均不变。

2）无限期的固定增长股票的价值：即未来股利以固定不变的增长率增长。

3）无限期的非固定增长股票的价值：如果公司的股利是不固定的，要分段计算股票的价值。

5. 普通股期望报酬率

期望报酬率是股票未来现金流量现值等于投资购买价格的折现率。

1）无限期零增长股票的期望报酬率计算如下

$$r_s = D/p_0$$

式中　r_s——期望报酬率；

　　　D——每年支付的股利；

　　　p_0——普通股价值。

2）无限期固定增长股票的期望报酬率公式为

$$r_s = D_1/p_0 + g$$

式中　r_s——期望报酬率；

　　　D_1——第一年的股利；

　　　p_0——普通股价值；

　　　g——股利的年增长率。

3）无限期非固定增长股票的期望报酬率：分段计算未来股利现值之和等于股票价格时的折现率，需要借助逐步测试法并结合内插法计算。

4）长期有限持有股票的期望报酬率：未来股利和出售价格折成的现值之和等于现金流出的现值（即股票价格）时的折现率，即股票投资的内含报酬率，需要借助逐步测试法并结合内插法计算。

【案例】 投资者拟按当前市价 20 元购买 A 公司股票，该股票股利预计下一年是 1 元，未来股利将维持 10% 的速度持续增长。投资者要求的收益率为 12%。判断是否值得购买。

【解析】期望报酬率 = (1/20) + 10% = 15%，期望报酬率大于投资者要求的收益率，股票值得投资。

6. 混合筹资工具价值评估

混合筹资是一种筹资方式，包括优先股筹资、发行可转换债券筹资、永续债筹资和认股权证筹资。

（1）优先股的特殊性　优先股优先股的特殊性表现在优先分配利润、优先分配剩余财产、表决权限制。

（2）优先股价值的评估方法　当优先股在存续期内采用相同的固定股息率时，每期股息就形成了无限期定额支付的年金，即永续年金，优先股则相当于永久债券。

其估值公式为

优先股价值 = 优先股每期股息/优先股资本成本

（3）优先股的期望报酬率　报酬率的计算公式为

优先股期望报酬率 = 优先股每股年股息/优先股当前股价

第七节　期权价值评估

期权是指持有人在某一特定日期或该日之前的任何时间以固定价格购进或售出标的资产的选择权利的合约。

1. 期权类型

1）按期权执行时间划分：美式期权、欧式期权。

2）按合约赋予持有人的权利划分：看涨期权、看跌期权。

2. 期权到期日价值与净损益计算

（1）买入看涨期权（多头看涨期权）

多头看涨期权的到期日价值 = $Max(ST - X, 0)$

式中　ST——到期日标的资产市价；

X——执行价格。

多头看涨期权净损益 = 多头看涨期权的到期日价值 − 期权价格

（2）卖出看涨期权（空头看涨期权）

$$空头看涨期权的到期日价值 = -\text{Max}(ST-X, 0)$$

空头看涨期权净损益 = 空头看涨期权的到期日价值 + 期权价格

（3）买入看跌期权（多头看跌期权）

$$多头看跌期权的到期日价值 = \text{Max}(X-ST, 0)$$

多头看跌期权净损益 = 多头看跌期权的到期日价值 − 期权价格

（4）卖出看跌期权（空头看跌期权）

$$空头看跌期权的到期日价值 = -\text{Max}(X-ST, 0)$$

空头看跌期权净损益 = 空头看跌期权的到期日价值 + 期权价格

3. 期权投资策略

（1）保护性看跌期权　单纯投资于股票风险很大，同时增加一股看跌期权，可以降低投资风险。保护性看跌期权锁定了最低净收入（执行价格）和最低净损益。同时净损益的预期也因此降低了：当股价高于执行价格时，比单一投资股票获得的收益低（少一个期权价格）。

（2）抛补性看涨期权　抛补性看涨期权缩小了未来的不确定性。如果到期日股价高于执行价格，锁定了最高净收入（执行价格）和净收益；如果到期日股价低于执行价格，净损失比单纯购买股票要小，其差额就是收取的期权价格。

（3）多头对敲　多头对敲策略适用于预计市场价格将发生剧烈变动。多头对敲的最坏结果是股价与执行价格一致，损失看涨期权和看跌期权的购买成本。股价偏离执行价格的差额超过期权购买成本，才能给投资者带来净收益。多头对敲存在最低净收入和最低净损益。

（4）空头对敲　空头对敲策略适用于预计市场价格比较稳定的情况。空头对敲的最好结果是股价与执行价格一致，可以得到看涨期权和看跌期权的出售价格。股价偏离执行价格的差额只要不超过期权价格，能给投资者带来净收益。

4. 金融期权价值评估

(1) 金融期权价值的影响因素　影响期权价值的主要因素：股票市价、执行价格、到期期限、股价波动率、无风险利率以及期权有效期内预计发放的红利。

(2) 金融期权价值的评估方法

1）期权估值原理为复制原理和套期保值原理。

2）二叉树期权定价模型。

3）布莱克-斯科尔斯期权定价模型。

4）派发股利的期权定价。

5）美式期权估值。

6）看涨期权-看跌期权平价定理。

第八节　企业价值评估

企业价值评估是分析和衡量一个企业或一个经营单位的公平市场价值，帮助投资人和管理当局改善决策，可用于投资分析、战略分析和以价值为基础的管理。Tim Koller 与 Tom Copeland（1990）合著的《价值评估》一书提到，企业价值是现金流量的现值，价值来源主要有两方面：一方面为企业的日常营业现金流量经折现后的现值；另一方面为企业预测期现金流量的现值。其中预测期的现金流量主要基于日常经营绩效估算得到，之后利用选取的折现率，对预期现金流量进行折现，即现金流量贴现法（DCF）[5]。

1. 企业价值评估的对象

企业整体的经济价值是指企业作为一个整体的公平市场价值。"企业整体的经济价值"包括两层意思：企业的整体价值和企业的经济价值。

2. 企业整体经济价值的类别

企业整体经济价值分为实体价值与股权价值、持续经营价值与清算价值、少数股权价值与控股权价值。

3. 现金流量折现模型

现金流量模型有三种类型：股利现金流量模型、股权现金流量模型和实体现金流量模型。

现金流量折现的基本模型为

$$价值 = \sum_{t=1}^{n} \frac{现金流量_t}{(1+资本成本)^t}$$

4. 相对价值评估模型

相对价值法是将目标企业与可比企业对比，用可比企业价值衡量目标企业价值。

最常用的股票市价模型有：市盈率模型、市净率模型和市销率模型。

第九节 资本结构

1. 资本结构理论

（1）资本结构的 MM 理论

1）MM 理论的基本假设。MM 理论基于完美资本市场假设提出的，假设条件包括：

① 经营风险可以用息前税前利润的方差来衡量，具有相同经营风险的公司称为风险同类。

② 投资者等市场参与者对公司未来的收益与风险的预期是相同的。

③ 完善的资本市场，即在股票与债券进行交易的市场中没有交易成本，并且个人与机构投资者的借款利率与公司相同。

④ 借债无风险，即公司或个人投资者的所有债务利率均为无风险利率，与债务数量无关。

⑤ 全部现金流是永续的，即所有公司预计是零增长率，息税前利润预期不

变，所有债券也是永续的。

2）无税 MM 理论。其基本观点是：在没有企业所得税的情况下，有负债企业的价值与无负债企业的价值相等，即企业的资本结构与企业价值无关。

推论：

① 无所得税企业的加权平均资本成本等于经营风险等级相同的无负债企业的权益资本成本。

② 企业价值仅由预期收益所决定，即全部预期收益按照与企业风险等级相同的必要报酬率所计算的现值（永续）。

③ 企业加权平均资本成本与资本结构无关，企业的价值仅取决于企业的经营风险。

3）有税 MM 理论。其基本观点是：

① 在考虑企业所得税的情况下，有负债企业的价值等于具有相同风险等级的无负债企业的价值加上债务利息抵税收益的现值。

② 在考虑企业所得税的情况下，有负债企业的权益资本成本等于相同风险等级的无负债企业的权益资本成本加上与以市值计算的债务与权益比例成比例的风险报酬，且风险报酬取决于企业的债务比例以及企业所得税税率。

(2) 资本结构的其他理论　资本结构的其他理论包括：权衡理论、代理理论和优序融资理论。

2. 资本结构决策分析

1）资本结构的影响因素包括内部因素和外部因素。

2）资本结构决策分析方法主要有资本成本法、每股收益无差别点法和企业价值比较法。

3. 杠杆系数的衡量

（1）经营杠杆系数的衡量　由于固定性经营成本的存在，销售量（或销售收入）的微小变化引起息税前利润大幅度变动的现象就是经营杠杆。

1）经营风险。经营风险是指企业未使用债务时经营的内在风险，即给企业息税前利润带来的不确定，其影响因素包括：产品需求、产品售价、产品成本、调整价格的能力和固定成本的比重。经营杠杆系数可以用来衡量经营风险的高低。

2）存在前提：只要企业存在固定性经营成本，就存在经营杠杆放大效应。固定性经营成本是引发经营杠杆效应的根源。

3）与经营风险的关系：经营杠杆系数越高，表明经营风险越大。经营杠杆系数为1时，不存在放大效应。

4）影响因素：固定成本（同向变动）、单位变动成本（同向变动）、产品销售数量（反向变动）和销售价格水平（反向变动）。

5）控制方法：企业一般可以通过增加营业收入、降低产品单位变动成本和降低固定成本比重等措施使经营杠杆系数下降，降低经营风险。

（2）财务杠杆系数的衡量　由于债务利息或优先股股息这类固定性融资成本的存在，使得息税前利润的变动引起每股收益产生更大变动程度的现象被称为财务杠杆效应。

1）只要存在有固定性融资成本的债务或优先股，就会有财务杠杆效应。固定性融资成本是引发财务杠杆效应的根源。

2）与财务风险的关系：财务杠杆效应放大了息税前利润变化对每股收益的影响，财务杠杆系数越高，表明财务杠杆作用越大，财务风险也就越大。如果固定性融资成本（债务利息或优先股股利）为0，则财务杠杆系数为1，不存在财务杠杆效应。

3）影响因素与杠杆效应的关系：债务资本比重越高、固定性融资成本越高、息税前利润水平越低，财务杠杆效应越大。

4）控制方法：企业可以通过合理安排资本结构，适度负债，使财务杠杆利益抵消财务风险增大带来的不利影响。

（3）联合杠杆系数的衡量　联合杠杆是指由于固定性经营成本和固定性融资成本的存在，而导致的每股收益变动率大于营业收入变动率的杠杆效应。联合杠杆作用的大小可以用联合杠杆系数表示。

1）存在前提：只要企业同时存在固定性经营成本和固定性融资成本，就存在联合杠杆效应。

2）联合杠杆系数对公司管理层的意义：在一定的成本结构和融资结构下，当营业收入变化时,能够对每股收益的影响程度作出判断;有利于对经营风险和财务风险进行管理,即为了控制某一联合杠杆系数,经营杠杆和财务杠杆可以有很多不同的组合。

3)影响因素:影响经营杠杆和财务杠杆的因素都会影响联合杠杆。

第十节　长　期　筹　资

长期筹资包括长期债务筹资、普通股筹资、混合筹资和租赁筹资。

1. 长期债务筹资

(1)长期借款筹资

1)银行通常对借款企业提出有助于保证贷款按时足额偿还的条件,并写进合同,形成合同的保护条款,通常包括一般性保护条款和特殊性保护条款两大类。

2)长期借款的成本。长期借款的成本除了利息外,还包括银行收取的其他费用,如周转信贷协定的承诺费和保持补偿余额形成的间接费用。

3)长期借款的偿还方式有以下三种:

① 定期支付利息、到期一次偿还本金。该方式加大企业偿还压力。

② 平时逐期偿还小额本息、期末偿还余下大额部分。

③ 定期等额偿还。该方式提高企业使用贷款的有效年利率。

4)长期借款筹资的优缺点。

① 优点:筹资速度快,借款弹性好。

② 缺点:财务风险高,限制条款较多。

(2)长期债券筹资

1)债券发行价格。债券发行价格是将债券持续期间的各期的利息现金流与债券到期支付的面值现金流按照债券发行时的市场利率进行贴现并求和。

其基本模型为

发行价格 = 面值 × 计息期票面利率 × $(P/A, i, n)$ + 面值 × $(P/F, i, n)$

式中　P/A——年金现值系数;

P/F——复利现值系数；

i——计息期折现率；

n——付息期数。

2）债券偿还按照偿还时间分为到期偿还、提前偿还和滞后偿还；按偿还形式划分为现金偿还、新债券换旧债券和普通股偿还。

3）债券筹资的优缺点。

① 优点：筹资规模较大，具有长期性和稳定性，有利于资源优化配置。

② 缺点：发行成本高，信息披露成本高，限制条件多。

2. 普通股筹资

普通股筹资的优势在于：没有固定利息负担，没有固定到期日，筹资风险小，能增加公司的信誉，筹资限制较少，以及容易吸收资金。其劣势在于：资本成本较高，可能会分散公司的控制权；如果股票上市，承担较高的信息披露成本，也增加了公司保护商业秘密的难度；股票上市会增加公司被收购的风险。

（1）普通股的首次发行

1）股票的发行方式：公开发行和非公开发行，直接发行和间接发行，有偿增资发行、无偿增资发行和搭配增资发行。

2）普通股发行定价：等价、时价和中间价。

（2）股权再融资　股权再融资包括配股和增发新股两种方式。

1）配股。配股就是向原普通股股东按其持股比例、以低于市价的价格公开配售（发行）一定数量新股的融资行为。配股权是普通股股东的优惠权，实质上是一种短期看涨期权。在股权登记日及之前购买股票，股票市价中含有配股权价值。

① 配股条件。

上市公司向原股东配股的，除了要符合公开发行股票的一般规定外，还应当符合下列规定：拟配售股份数量不超过本次配售股份前股本总额的30%；控股股东应当在股东大会召开前公开承诺认配股份的数量；采用证券法规定的代销方式发行。

② 配股价格。

配股一般采取网上定价发行的方式，配股价格由主承销商和发行人协商确定。

2）增发新股。增发新股是指上市公司为了筹集权益资本而再次发行股票的融资行为，包括公开增发和非公开增发（定向增发）。

3. 混合筹资

混合筹资包括优先股筹资、附认股权证债券筹资和可转换债券筹资三种方式。

（1）优先股筹资

1）优先股筹资的优点：与债券相比，不支付股利不会导致公司破产；没有到期期限，不需要偿还本金；与普通股相比，不会稀释股东权益。

2）优先股筹资的缺点：优先股股利不可以在税前扣除，没有抵税优势；固定的股利负担会增加公司的财务风险并进而增加普通股的成本。

（2）附认股权证债券筹资　附认股权证债券是指公司债券附认股权证，持有人依法享有在一定期间内按约定价格（执行价格）认购公司股票的权利，是债券加认股权证的产品组合。

1）认股权证是公司向股东发放的一种凭证，授权其持有者在一个特定期间以特定价格购买特定数量的公司股票。发行认股权证的用途包括：在公司发行新股时，为避免原有股东每股收益和股价被稀释，给原有股东配发一定数量的认股权证（最初功能）；作为奖励发给公司管理人员；作为筹资工具。

2）附认股权证债券的税前债务资本成本（即投资者期望报酬率），可用投资人的内含报酬率来估计，即：债券利息现值＋到期面值现值＋每份债券附认股权证的行权净流入的现值＝购买价格。求解的折现率就是内含报酬率，即附认股权证债券税前资本成本。

3）认股权证债券筹资的优点和缺点。

① 优点：可以起到一次发行、两次融资作用，有效降低融资成本。

② 缺点：灵活性较差。由于没有赎回条款和强制转股条款，市场利率大幅度降低时，发行人需要承担一定的机会成本；如果股票市价远远高于执行价格，原股东也会受到较大损失；承销费用高于债务融资。

(3) 可转换债券筹资　可转换债券可以转换为特定公司的普通股。转换时只是负债转换为普通股，并不增加额外的资本；这种转换是一种期权，证券持有人可以选择转换，也可以选择不转换而继续持有债券。可转换债券的底线价值是纯债券价值和转换价值两者中较高者。

可转换债券筹资的优点为筹资成本较低，有利于稳定公司股价；缺点为股价上涨风险，股价低迷风险，筹资成本高于普通债券。

4. 租赁筹资

租赁筹资存在的原因：节税、降低交易成本、减少不确定性。

(1) 租赁的分类

1）按照当事人之间的关系可分为：直接租赁、杠杆租赁、售后租回。

2）按照租赁期长短可分为：短期租赁和长期租赁。

3）按照出租人是否负责租赁资产的维护可分为：毛租赁和净租赁。

4）按照全部租赁费是否超过资产的成本可分为：不完全补偿租赁租和完全补偿租赁。

5）按照租赁是否可以随时解除可分为：可以撤销租赁和不可撤销租赁。

(2) 租赁费用　租赁费用的经济内容包括出租人的全部出租成本和利润。出租成本包括出租资产的购置成本、营业成本以及相关利息。出租人收取的租赁费用大于出租成本的部分即为利润。

第十一节　股利分配、股票分割与股票回购

1. 股利理论

股利理论包括股利无关论（又称完全市场理论）和股利相关论两大类。

(1) 股利无关论

1）股利无关论的主要观点：投资者并不关心公司股利的分配；股利的支付比率不影响公司的价值。

2）股利无关论的基本假设：公司的投资政策已确定并且已经为投资者所理

解；不存在股票的发行和交易费用；不存在个人或公司所得税；不存在信息不对称；经理与外部投资者之间不存在代理成本。

（2）股利相关论　股利相关论有税差理论、客户效应理论、"一鸟在手"理论、代理理论和信号理论五种形式。

2. 股利政策

（1）股利政策的类型　股利政策的类型包括剩余股利政策、固定股利政策、固定股利支付率政策。

（2）股利政策的影响因素　股利政策的影响因素主要有法律限制、股东因素、公司因素及其他限制因素。

3. 股利种类、支付程序与分配方案

（1）股利种类　股利种类包括现金股利、股票股利、财产股利和负债股利。

（2）股利支付程序

1）决策程序：董事会制定股利分配方案，股东大会审议股利分配方案。

2）股利支付过程中的重要日期：股利宣告日、股权登记日、除息日和股利支付日。

（3）股利分配方案　股利分配方案包括股利支付形式（种类）、股利支付率、股利政策类型和股利支付程序四项内容。

4. 股票股利

发放股票股利的财务影响：

1）所有者权益的内部结构发生变化。

2）股数增加。

3）每股收益和每股市价下降（如果盈利总额与市盈率不变）。

【案例】甲公司是一家上市公司，2011年的利润分配方案如下：每10股送2股并派发现金红利10元（含税），资本公积每10股转增3股。如果股权登记日的股票收盘价为每股25元，除权（息）日的股票参考价格为多少元？

【解析】 除权日的股票参考价 = (股权登记日收盘价 − 每股现金股利) / (1 + 送股率 + 转增率)

$= (25 元 - 10 元/10) / (1 + 20\% + 30\%)$

$= 16 元$

5. 股票分割

股票分割是指将面额较高的股票交换成面额较低的股票的行为。

6. 股票回购

股票回购是指公司出资购回自身发行在外的股票。

第十二节　营运资本管理

1. 营运资本管理政策

营运资本的管理政策包括：营运资本投资策略和营运资本筹资策略。

（1）营运资本投资策略　营运资本投资策略的类型有适中型投资策略、保守型投资策略、激进型投资策略。

（2）营运资本筹资策略　制定营运资本筹资政策，就是确定流动资产所需资金中短期资金和长期资金的比例。

营运资本的筹资政策，通常用经营流动资产中长期筹资来源的比重来衡量，该比率即是易变现率。营运资本筹资策略的类型有适中型筹资策略、保守型筹资策略和激进型筹资策略。

2. 现金管理

（1）企业持有现金的原因　企业持有现金的原因主要有三方面的需求：交易性需要、预防性需要和投机性需要。

（2）管理方法　企业对现金的管理方法主要是：力争现金流量同步、使用现金浮游量、加速收款和推迟应付账款的支付。

（3）最佳现金持有量分析　最佳现金持有量分析有三种模式：成本分析模式、存货模式和随机模式。

3. 应收款项管理

（1）应收账款产生的原因　应收账款产生的原因主要有两方面：一是竞争引起的应收账款（商业信用），二是销售和收款的时间差形成的应收账款（结算原因形成，不属于商业信用）。

（2）应收账款管理方法　对应收账款回收情况进行监督。一般通过编制账龄分析表进行。收账政策的制定：对于超过信用期的款项，在制定收账政策时，要在收账费用和减少坏账损失之间做出权衡。

（3）信用政策分析　信用政策的构成主要包括：信用期间、信用标准和现金折扣政策。

4. 存货管理

（1）储备存货的成本　储备存货的成本有取得成本、储存成本和缺货成本。

（2）存货经济批量分析

1）经济订货量：按照存货管理的目的，需要通过合理的进货批量和进货时间，使存货的总成本最低，这个批量叫作经济订货量。

2）经济订货量基本模型的假设条件：能及时补充存货，即存货可瞬时补充；能集中到货，即不是陆续入库；不允许缺货，即无缺货成本；需求量稳定，并能预测；存货单价不变；企业现金充足，不会因现金短缺而影响进货；所需存货市场供应充足，可以随时买到。

根据假设条件，与批量相关的存货总成本公式简化为

$$相关总成本 = 订货变动成本 + 储存变动成本$$

5. 短期债务管理

短期债务筹资具有筹资速度快、容易取得，筹资富有弹性，筹资成本较低，以及筹资风险高的特点。

(1) 商业信用筹资

1) 定义：商业信用筹资是商品交易中由于延期付款或预收货款所形成的企业间的借贷关系，是一种"自发性筹资"，包括应付账款、应付票据和预收账款等。

2) 商业信用筹资的优点：资金容易取得；是一种持续性的信贷形式，且无须正式办理筹资手续；如果没有现金折扣或使用不带息票据，商业信用筹资不负担成本。

3) 商业信用筹资的缺点：放弃现金折扣时所付出的成本较高。

(2) 短期借款筹资

1) 短期借款的信用条件：信贷限额与周转信贷协定。

信贷限额：银行规定无担保的贷款最高限额。（无法律效应，银行并不承担必须提供信贷限额的义务。）

周转信贷协定：银行具有法律义务的、承诺提供不超过某一最高限额的贷款协定。（法律效应，银行必须满足企业不超过最高限额的借款；贷款限额未使用的部分，企业需要支付承诺费。）

2) 短期借款抵押：短期借款的抵押品有应收账款、存货、股票和债券等。贷款金额一般为抵押品面值的30%～90%。（其比例高低主要取决于抵押品的变现能力和银行的风险偏好。）

3) 短期借款利息支付方法：收款法付息（到期一次还本付息）、贴现法付息（预扣利息）、加息法付息（分期等额偿还贷款）。

第十三节　产品成本计算

1. 产品成本分类

产品成本可分为：制造成本与非制造成本、产品成本与期间成本、直接成本与间接成本。

2. 产品成本的归集和分配

(1) 基本生产费用的归集和分配

1) 产品成本项目：基本生产部门生产产品涉及的成本项目有直接材料、直接人工、燃料与动力、制造费用。

2）生产费用的分配：能够直接确认生产某一特定产品发生的生产费用，直接归集在相应的成本项目中；不能直接归集的生产费用，采用一定的标准进行分配。

（2）辅助费用的归集和分配

1）辅助生产费用的归集：辅助生产主要为基本生产车间和管理部门使用和服务，有时辅助生产部门也为其他辅助生产部门和企业外部提供产品和服务（不是主要目的），其发生的费用在辅助生产账户借方归集。

2）辅助生产费用的分配：按照受益单位耗用的劳务量，从该账户贷方转出。

（3）完工产品和在产品成本分配

1）分配法：将待分配费用按一定比例在完工产品与月末在产品之间进行分配，从而求得完工产品成本和在产品成本。

其表达式为

$$月初在产品成本 + 本月发生生产费用 = 本月完工产品成本 + 月末在产品成本$$

2）倒挤法：先确定月末在产品成本，再用待分配费用减月末在产品成本得出完工产品的成本。

其表达式为

$$本月完工产品成本 = 月初在产品成本 + 本月发生生产费用 - 月末在产品成本$$

企业应该根据在产品的数量、各月在产品数量变化、各项费用比重和定额管理基础等具体条件，选择合理简便的分配方法。

（4）联产品和副产品的成本分配　在同一生产过程中，使用同样的原料，同时生产出两种及以上主要产品（即联产品）和附带产出的非主要产品（即副产品）。

1）副产品成本计算：采用简化方法确定其成本（如预先规定的固定单价确定成本），总成本扣除副产品成本后就是主产品成本。

$$主产品成本 = 总成本 - 副产品成本$$

2）联产品（主产品）加工成本分配：即联产品分离前发生的生产费用（即

联合成本），按照一定的分配方法（售价法、实物数量法）在各联产品之间进行分配。

3. 产品成本计算的品种法

（1）品种法的特点

1）成本计算对象是产品品种。

2）一般定期（每月月末）计算产品成本。

3）如果企业月末有在产品，要将生产费用在完工产品和在产品之间进行分配。

（2）品种法适用的企业

1）适用于大量大批的单步骤生产的企业。

2）该类企业的特点：产品的生产技术过程不能从技术上划分为步骤；生产是按流水线组织的，管理上不要求按照生产步骤计算产品成本。

4. 产品成本计算的分批法

（1）分批法的特点

1）成本计算对象是产品的批别。

2）产品成本计算是不定期的，成本计算期与产品生产周期基本一致，而与会计核算的报告期不一致。

3）计算月末产品成本时，一般不存在完工产品与在产品之间分配费用的问题。

（2）分批法适用的企业

1）适用于单件小批类型的生产，如造船业、重型机器制造业等。

2）适用于一般企业中的新产品试制或试验的生产、在建工程以及设备修理作业等。

5. 产品成本计算的分步法

（1）分步法适用的企业

1）适用于大量大批多步骤生产的企业，如纺织、冶金、大量大批的机械制造企业。

2）该类企业的特点：产品生产可以分为多个步骤；既要求按产品品种计算成本，又要求按生产步骤计算成本。

（2）分步法的分类　分步法可以分为逐步结转分步法和平行结转分步法。

第十四节　标准成本法

标准成本是通过精确的调查、分析与技术测定而制定的，用来评价实际成本、衡量工作效率的一种目标成本，是一种应该发生的成本。

1. 标准成本及其制定

（1）标准成本法的含义　标准成本法具体有两种含义，其计算公式分别如下

$$\text{单位产品标准成本} = \text{单位产品直接材料标准成本} + \text{单位产品直接人工标准成本} + \text{单位产品制造费用标准成本}$$

$$\text{标准成本（总额）} = \text{实际产量} \times \text{单位产品标准成本}$$

（2）标准成本法的种类

1）标准成本按其制定所依据的生产技术和经营管理水平，分为理想标准成本和正常标准成本。理想标准成本是指在最优生产条件下，利用现有的规模和设备能够达到的最低成本。正常标准成本是指在效率良好的条件下，根据下期一般应该发生的生产要素消耗量、预计价格和预计生产经营能力利用程度制定出来的标准成本。

理想标准成本因其提出的要求太高，不宜作为考核的依据；正常标准成本具有客观性、科学性、现实性、激励性和稳定性，作为考核依据被广泛使用。

2）标准成本按其适用期，分为现行标准成本和基本标准成本。现行标准成本是根据其适用期间应该发生的价格、效率和生产经营能力利用程度等预计的标准成本。基本标准成本是生产的基本条件发生重大变化时才予以修订的标准成本。

现行标准成本可以作为评价实际成本的依据，也可以对存货和销售成本计价；基本标准成本与实际成本对比可以反映成本变动趋势，没有按各期实际进行

动态修订，不宜用来直接评价工作效率和成本控制的有效性。

（3）标准成本的制定

1）用量标准及价格标准。用量标准主要由生产技术部门主持制定，吸收执行标准的部门和职工参加。对于价格标准，采购部门是材料价格的责任部门，劳资部门和生产部门对小时工资率负有责任；各生产车间对小时制造费用率承担责任（见表4-1）。

表4-1 单位产品标准成本用量标准及价格标准说明

单位产品标准成本	用 量 标 准	价 格 标 准
直接材料	单位产品材料消耗量	原材料单价
直接人工	单位产品直接人工工时	小时工资率
制造费用	单位产品直接人工工时（或台时）	小时制造费用分配率

2）单位产品标准成本的确定。主要有直接材料、直接人工和制造费用的标准成本。

① 直接材料标准成本。直接材料标准成本的用量标准是单位产品的材料标准消耗量，是在现有技术条件生产单位产品所需的材料数量，包括必不可少的消耗以及各种难以避免的损失。

直接材料标准成本的价格标准是预计下一年度实际需要支付的进料单位成本，包括发票价格、运费、检验和正常损耗等成本，是取得材料的完全成本。

② 直接人工标准成本。直接人工标准成本的用量标准是单位产品的标准工时，是在现有生产技术条件下，生产单位产品所需要的时间，包括直接加工必不可少的时间、必要的间歇和停工、不可避免的废品耗用工时等。

直接人工标准成本的价格标准是标准工资率，可能是预定的工资率，也可能是正常的工资率。

③ 变动制造费用。变动制造费用的用量标准是通常采用单位产品直接人工工时标准。有的企业采用机器工时或其他用量标准。其标准分配率为

$$标准分配率 = 变动制造费用预算/直接人工总工时$$

④ 固定制造费用。固定制造费用的用量标准与变动制造费用的用量标准相同，包括直接人工工时、机器工时、其他用量标准等，并且两者要保持一致，以

便进行差异分析。其标准分配率为

标准分配率 = 固定制造费用预算/直接人工总工时

2. 标准成本差异分析

（1）变动成本差异分析　由于"变动成本 = 数量×价格"，因此，变动成本差异可归结为数量差异与价格差异两个方面，具体计算公式为

$$数量差异 = \left(\begin{array}{c}实际产量下\\实际数量\end{array} - \begin{array}{c}实际产量\\应耗标准数量\end{array}\right) \times 标准价格$$

$$= \left(\begin{array}{c}实际产量下\\实际数量\end{array} - 实际产量 \times 用量标准\right) \times 标准价格$$

价格差异 = 实际产量下实际数量×（实际价格 − 标准价格）

= 实际成本 − 实际产量下实际数量×标准价格

在分析数量差异时，价格因素还没有进行替代，应采用"标准价格"；在分析价格差异时，数量因素已经替代过，应采用"实际数量"。变动成本差异分析的具体公式见表4-2。

表4-2　变动成本差异分析的具体公式

变动成本	价格差异计算	数量/效率差异计算
直接材料	材料价格差异 = 实际数量×（实际价格 − 标准价格）	材料数量差异 = (实际数量 − 实际产量×单位产品的标准耗用量)×标准价格
直接人工	工资率差异 = 实际工时×（实际工资率 − 标准工资率）	人工效率差异 = (实际工时 − 实际产量×单位产品的标准工时)×标准工资率
变动制造费用	耗费差异 = 实际工时×（实际分配率 − 标准分配率）	效率差异 = (实际工时 − 实际产量×单位产品的标准工时)×标准分配率

变动成本项目差异形成原因见表4-3。

（2）固定制造费用差异分析

1）二因素分析法公式如下

固定制造费用成本差异 = 耗费差异 + 能量差异

2）三因素分析法公式如下

固定制造费用成本差异 = 耗费差异 + 闲置能量差异 + 效率差异

表 4-3　变动成本项目差异形成原因

变动成本差异	负责部门	具体原因
材料价格差异	采购部门	1）供应厂家价格变动 2）未按经济采购批量进货 3）未能及时订货造成紧急订货 4）采购时舍近求远
材料数量差异	主要是生产部门	1）操作疏忽造成废品和废料增加 2）工人用料不精心 3）操作技术改进而节省材料 4）新工人上岗造成多用料 5）机器或工具不适用，造成用料增加
工资率差异	一般是人力资源部门	1）工人升降级使用 2）奖励制度未产生实效 3）工资率调整 4）加班或使用临时工 5）出勤率变化
人工效率差异和 变动制造费用效率差异	主要是生产部门	1）工作环境不良 2）工人经验不足 3）劳动情绪不佳 4）新工人上岗人数多 5）机器或工具选用不当 6）设备故障较多 7）生产计划安排不当 8）产量规模太少，无法发挥经济批量优势
变动制造费用耗费差异	生产部门经理	变动制造费用的实际小时分配率脱离标准

第十五节　作业成本法

伴随高度自动化、智能化的企业经营环境的改变，产品成本结构中的制造费用（主要是折旧费等固定成本）比重大幅度增加，其分配的科学与否决定着产品成本计算的准确性和成本控制的有效性。传统成本计算法全部按产量基础分配制造费用，会产生误导决策的成本信息。

作业成本法是将间接成本和辅助费用更准确地分配到产品和服务的一种成本计算方法。在作业成本法下，直接成本可以直接计入有关产品，与传统的成本计算法相同，只是直接成本的范围比传统成本计算法的要大。凡是易于追溯到产品的成本都可以直接归属于特定产品,尽量减少不准确的分配。不能追溯到产品的成本,则先追溯有关作业或分配到有关作业,计算作业成本,然后再将作业成本分配到有关产品。

1. 作业成本法的概念与特点

(1) 作业成本法的核心概念　作业是指企业中特定组织(成本中心、部门或产品线)针对加工或服务对象重复执行的特定的或标准化的任务或活动。一项作业可能是一项非常具体的活动,也可能泛指一类活动,由若干个相互关联的具体作业组成的作业集合,称为作业中心。作业是连接资源和产品的纽带,在消耗资源的同时生产出产品。

(2) 成本动因

1) 资源成本动因:引起作业成本增加的驱动因素,用来衡量一项作业的资源消耗量,是将资源成本分配给作业的依据。

2) 作业成本动因:衡量一个成本对象(产品、服务或顾客)需要的作业量,是产品成本增加的驱动因素,用于计量各成本对象耗用作业的情况,是将作业成本分配给产品的依据。

(3) 作业成本法的特点

1) 成本计算分为两个阶段:

① 作业消耗资源:将作业执行中耗费的资源分配(包括追溯和间接分配)到作业,计算作业成本。

② 产品消耗作业:将作业成本分配(包括追溯和动因分配)到各有关成本对象(产品或服务)。

2) 作业成本法的成本分配强调因果关系。作业成本法的成本分配主要使用追溯和动因分配,尽可能减少不准确的分摊,因此能够提供更加真实、准确的成本信息。

3) 作业成本法的成本分配使用众多不同层面的成本动因。作业成本法采用不同层面的、众多的成本动因进行成本分配,要比采用单一分配基础更加合理,更能保证成本计算的准确性。

2. 作业成本的计算原理

（1）作业认定　确认每一项作业完成的工作以及执行该作业耗用的资源成本。

（2）作业成本库的设计　按作业产出或消耗的方式，作业分为单位级作业、批次级作业、品种级（产品级）作业和生产维持级作业四类，相应地设置四类作业成本库（见表4-4）。

表4-4　作业分类及特点

作业分类	含义	特点
单位级作业	单位级作业是指每一单位产品至少要执行一次的作业，即每个产品必须执行，如机器加工、组装等	单位级作业成本是直接成本，可以追溯到每个单位产品上，即直接计入成本对象的成本计算单位
批次级作业	批次级作业指同时服务于每批产品或多产品的作业，如机器调试、成批检验与采购等	成本取决于批次，而不是每批中单位产品的数量
品种级作业	品种级作业是指服务于某种型号或样式产品的作业，如产品设计、更新、工艺改造等	随产品品种数而变化，不随产量、批次数而变化
生产维持级作业	生产维持级作业是指服务于整个工厂的作业如行政管理、维修等	是为维护生产能力而进行的作业，不依赖于产品的数量、批次和种类

（3）资源成本分配到作业　资源成本动因和作业成本之间一定要存在因果关系，常见的资源成本动因见表4-5。

表4-5　作业的资源成本动因

作业项目	资源成本动因
机器运行作业	机器小时
安装作业	安装小时
清洁作业	平方米
材料移动作业	搬运次数、搬运距离、吨/公里
人事管理作业	雇员人数、工作时间
能源消耗	电表、流量表、装机功率和运行时间
制作订单作业	订单数量
顾客服务作业	服务电话次数、服务产品品种数、服务时间

（4）作业成本分配到成本对象　作业成本动因有三类：业务动因、持续动因及强度动因。

3. 作业成本管理

（1）含义　作业成本管理是以提高客户价值、增加企业利润为目的，基于作业成本法的新型集中化管理方法。作业成本管理包含两个层次的含义，即成本分配观和过程观。

（2）增值作业与非增值作业　作业管理的核心是识别增值作业和非增值作业。增值作业是指能够增加顾客价值的作业，否则就是非增值作业，如废品清理作业、次品处理作业、返工作业等就属于非增值作业。

（3）基于作业进行成本管理

1）作业确认与分析作业。

2）作业链-价值链分析和成本动因分析。

3）业绩评价。

4）报告非增值作业成本。

（4）作业成本法的优点、局限性与适用情景条件

1）优点：成本计算更准确，成本控制和成本管理更有效，为实施价值链分析和成本领先战略提供信息支持。

2）局限性：开发和维护费用较高，作业成本法不符合对外财务报告的需要，确定成本动因比较困难，不利于管理控制。

3）适用条件：制造费用在产品成本中占有较大比重，产品多样性程度高，面临的竞争激烈，规模比较大。

第十六节　本量利分析

1. 本量利的一般关系

（1）成本性态分析

1）固定成本在特定的业务量范围内不受业务量变动影响，一定期间的成本

总额能保持相对稳定；而单位固定成本与业务量成反比。

2）变动成本在特定的业务量范围内，成本总额随业务量变动而正比例变动，但单位产品变动成本（比例系数）是稳定的。变动成本为产品生产的增量成本，在相关范围内，固定成本总额保持相对稳定，业务量增加所引起的总成本增量，只是变动成本的增量。

3）混合成本是除固定成本和变动成本之外的成本，因业务量变动而变动，但不成正比例关系。

4）非线性成本是随业务量变动而变动，但变化率是递增或递减的；在业务量相关范围内，可以近似地看成是变动成本或半变动成本。

（2）变动成本法

1）产品成本只包括变动生产成本（直接材料、直接人工和变动制造费用）；固定制造费用和非生产成本全部作为制造边际贡献（销售额与变动生产成本的差额）的扣除项目，即固定制造费用一次计入当期损益。

2）变动成本法使企业内部管理者更加注重销售，更加注重市场，便于进行更为合理的内部业绩评价，为企业内部管理提供有用的管理信息，为企业预测前景、规划未来和做出正确决策服务；能够揭示利润和业务量之间的正常关系；便于分清各部门经济责任，有利于进行成本控制和业绩评价；简化成本计算，便于加强日常管理。

（3）本量利分析基本模型的相关假设

1）相关范围假设：成本按性态划分的基本假设，包括期间假设和业务量假设。

2）模型线性假设：固定成本不变，变动成本与业务量呈完全线性关系（即单位变动成本不变），销售收入与销售数量呈完全线性关系（销售价格不变）。

3）产销平衡假设：本量利分析中的"量"是指销售量或销售收入，站在销量角度进行本量利分析，必须假设产销平衡。

4）品种结构不变假设：各种产品的销售收入在总收入中所占的比重不变。

（4）本量利分析基本模型

1）损益方程式

利润 = 销售收入 – 总成本

　　 = 单价 × 销量 – 单位变动成本 × 销量 – 固定成本

　　 = 销量 × (单价 – 单位变动成本) – 固定成本

变动成本和固定成本主要包括生产成本、销售和管理费用，省略了税金及附加、财务费用、资产减值损失、投资收益和营业外收支等因素。

利润主要是指税前利润，在不考虑财务费用（主要是利息费用）的条件下，为息税前利润，计算公式为

税前利润 = 税后利润/(1 – 所得税率)

2）边际贡献方程式

边际贡献(总额) = 销售收入 – 变动成本

单位边际贡献 = 单价 – 单位变动成本

边际贡献率 = 边际贡献/销售收入

　　 = 单位边际贡献/单价

　　 = 1 – 变动成本率

边际贡献是形成利润的基础，边际贡献弥补固定成本之后形成企业的利润；在其他因素不变的条件下，销量增加所引起的利润增量，是边际贡献的增量。

2. 保本分析

（1）保本分析　保本点是"利润 = 0""收入 = 成本""边际贡献 = 固定成本"的经营状态，通常用一定的业务量（保本量或保本额）来表示。保本点越低，表明盈利能力越强，经营安全程度越高（经营风险越低）。

（2）安全边际分析　具体计算公式如下

安全边际额 = 实际或预计销售额 – 保本点销售额

安全边际率 = 安全边际额/实际或预计销售额

　　 = 1 – 盈亏临界点作业率

　　 = 1/经营杠杆系数

安全边际越高，表明经营的安全程度（经营风险程度）越高，即销售量（额）下降多少企业仍不至亏损；表明企业的盈利能力——利润是安全边际创造的。

（3）本量利关系图

1）基本的本量利关系如图4-2所示，它是在实际中运用最广泛的图形。

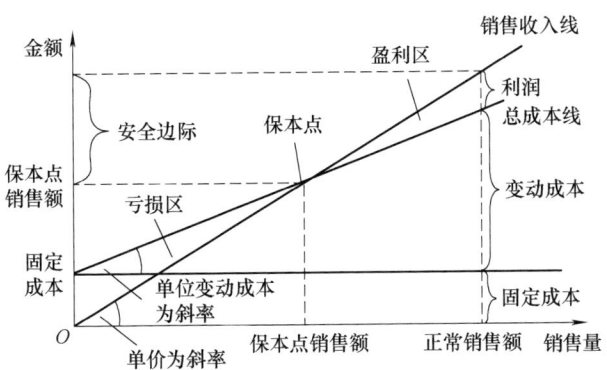

图4-2 基本的本量利关系

2）边际贡献式的本量利关系如图4-3所示，它能够直观地反映边际贡献。

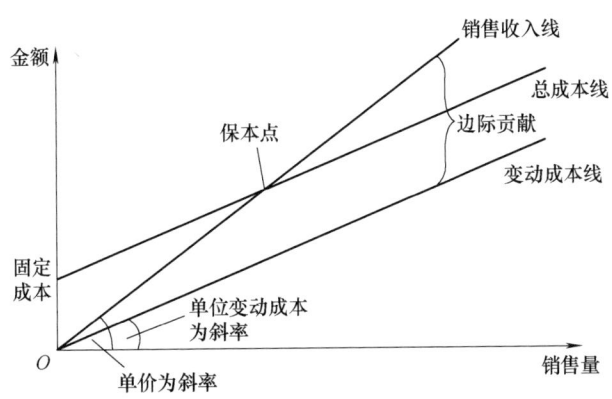

图4-3 边际贡献式的本量利关系

3）正方形本量利图：以横轴表示销售额，可适用于多种产品的情况，无论是基本的本量利关系图还是边际贡献式的本量利关系图，都可以有方形图形式，如图4-4所示。

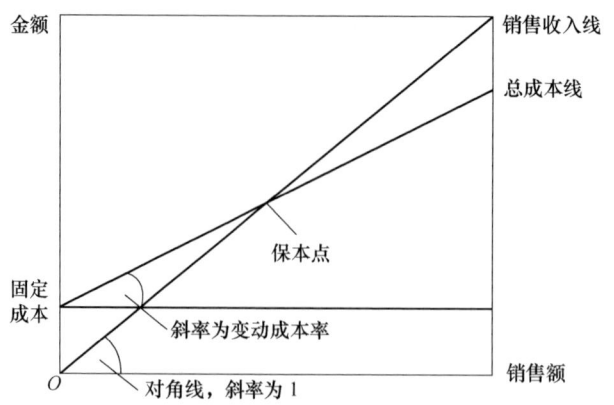

图 4-4　适用于多种产品的正方形本量利图

3. 保利分析

（1）保利量　保利量是企业实现目标利润所需完成的业务量，计算公式如下

保利量 =（固定成本 + 目标利润）/（单价 − 单位变动成本）

= 目标边际贡献/单位边际贡献

（2）保利额　保利额是企业为实现既定的目标利润所需的业务额，计算公式如下

保利额 =（固定成本 + 目标利润）/边际贡献率

= 目标边际贡献/边际贡献率

4. 利润敏感性分析

利润敏感性分析就是研究量本利分析的假设前提中的诸因素发生微小变化时，对利润的影响方向和影响程度。具体分析方法为：假设其他参数不变，计算使"利润 = 0"的销售单价最小值、销售量最小值（盈亏临界点销售量）、单位变动成本最大值和固定成本最大值。

敏感系数的计算

$$\text{各因素对利润的敏感系数} = \frac{\text{目标值}}{\text{变动百分比}} \bigg/ \frac{\text{参量值}}{\text{变动百分比}}$$

销售量和单价的敏感系数为正数，表明利润变动与销售量和单价的变动方向一致；单位变动成本和固定成本的敏感系数为负数，表明利润变动与单位变动成本和固定成本的变动方向相反。

如果某参数的敏感系数绝对值>1，则该参数为敏感因素；如果某参数的敏感系数绝对值<1，则该参数为不敏感因素。

第十七节　短期经营决策

1. 短期经营决策概述

短期经营决策是指对企业一年以内或者维持当前的经营规模的条件下所进行的决策。

（1）短期经营决策的主要特点　在既定的规模条件下，决定如何有效地进行资源的配置，以获得最大的经济效益，通常不涉及固定资产投资和经营规模的改变，是在成本性态分析时提到的"相关范围"内所进行的决策。

（2）成本分类　成本分类为相关成本与不相关成本。

相关成本是未来成本，并且在不同备选方案之间应该有所差异，主要包括：边际成本、机会成本、重置成本、付现成本、可避免成本、可延缓成本、专属成本和差量成本。

不相关成本或者是过去已经发生的成本，或者是虽未发生，但在各种替代方案下数额相同，对未来决策没有影响的成本，主要包括：沉没成本、不可避免成本、不可延缓成本和共同成本。

2. 生产决策

（1）生产决策的主要方法

1）差量分析法。分析备选方案之间的差额收入和差额成本，根据差额利润进行选择的方法。在分析过程中，只考虑相关收入和相关成本，对不相关因素不予考虑。

2）边际贡献分析法。若固定成本稳定不变，直接比较各备选方案的边际贡献额；涉及追加专属成本时，比较各备选方案的相关损益（边际贡献额－专属成本)。

3）本量利分析法。利用成本、产量和利润之间的依存关系来进行生产决策。

(2) 生产决策的类型

1）亏损产品是否停产决策：边际贡献 >0，不应该停产。

2）零部件自制与外购的决策：选择相关成本最低的方案。

3）特殊订单是否接受的决策：相关损益 >0，即可接受特殊订单。

4）约束资源最优利用的决策：优先安排生产单位约束资源边际贡献最大的产品，即可产生最大的总边际贡献。

3. 定价决策

在市场经济环境中，产品销售价格是由供需双方力量对比决定的。不同的市场类型，企业对销售价格的控制力是不同的。

(1) 产品销售定价的方法　成本加成定价法可以分为完全成本加成与变动成本加成。其中，完全成本加成即以单位产品制造成本为成本基数，"加成"的内容包括非制造成本和合理利润；变动成本加成即以单位产品变动成本为成本基数，"加成"的内容包括全部固定成本和合理利润。

(2) 市场定价法　有活跃市场的产品可以根据市场价格来定价，或者根据市场上同类或相似产品的价格来定价。

(3) 新产品的销售定价方法　新产品的销售定价方法分为撇脂性定价和渗透性定价。撇脂性定价即新产品试销初期定出较高价格，随着市场扩大，再逐步降低价格，属于短期定价策略，适用于生命周期短的产品；渗透性定价即新产品试销初期以较低价格进入市场，市场稳固之后，再逐步提高价格，属于长期定价策略。

(4) 有闲置能力条件下的定价方法　该定价法是当企业有闲置生产能力时，面对市场需求的变化所采用的定价方法。此时的定价应该在变动成本与目标价格之间选择。

1）下限定价为变动成本

变动成本 = 直接材料 + 直接人工 + 变动制造费用 + 变动销售及行政管理费用

2）上限定价为目标价格

目标价格 = 变动成本 + 成本加成

第五章
经 济 法

《中华人民共和国会计法》是会计人员的根本性法律,而经济法则是对整个社会经济行为和现象进行了约束和规范,是社会经济的稳定器,是社会经济发展的强力助推器。国有企业在我国经济发展中发挥重要的作用,其在经济法的主体地位得以确认,有利于推动企业在具体的运营与发展中,从法律角度抓住主动权,对于确保国有企业在整体经济运营中的健康发展有着重大的实现意义[6]。

第一节 法律基本原理

法是在对人类生活经验进行总结的基础上形成的,由国家制定或认可并普遍适用的,调整社会关系的规则。在经济活动中形成的各种具体经济关系,是法律调整的重要对象。

1. 法律基本概念

(1) 法的特征
1) 法是由一定物质生活条件所决定的统治阶级意志的体现。
2) 法是由国家制定或者认可的行为规范。
3) 法是由国家强制力保证实施的行为规范。
4) 法是调整人的行为和社会关系的行为规范。
5) 法是确定社会关系参加者的权利和义务的规范。

法律规范是由国家强制力保证实施的，而道德规范则主要凭借社会舆论、人的内心信念以及宣传教育等手段来实现。

（2）我国的法律渊源

1）宪法由全国人民代表大会制定。

2）法律。基本法律由全国人民代表大会制定；一般法律由全国人民代表大会常务委员会制定。

3）法规。行政法规由国务院制定；地方性法规由有地方立法权的地方人民代表大会及其常务委员会制定。

4）规章。部门规章由国务院各部、委员会、中国人民银行、审计署和具有行政管理职能的直属机构制定；地方政府规章由有地方立法权的地方人民政府制定。

5）司法解释由最高人民法院、最高人民检察院制定。最高人民法院和最高人民检察院的解释如果有原则性的分歧，报请全国人民代表大会常务委员会解释或者决定。

2. 法律关系

法律关系是根据法律规范产生的，以主体之间的权利与义务为内容的特殊的社会关系（如合同关系、夫妻关系）。

法律关系包括三个要素，即主体、内容和客体。

（1）法律关系主体的种类　法律关系主体分为自然人、法人和非法人组织、国家。

（2）法律关系客体的种类　法律关系客体是指法律关系主体间权利、义务所指向的对象。法律关系的客体通常包括：物、行为、人格利益和智力成果。

其中，行为包括作为（如旅客运输合同的客体并非旅客，而是运送旅客的行为）和不作为（如竞业禁止合同的客体是不从事相同或者相似的经营活动）。给付行为是债权法律关系（如合同之债）的客体。

第二节　基本民事法律制度

民事法律行为是民事主体通过意思表示设立、变更、终止民事法律关系的行为。

1. 民事法律行为制度

民事法律行为可以基于双方或者多方的意思表示一致成立，也可以基于单方的意思表示成立。

1）处分行为是直接导致权利发生变动的法律行为，并不需要义务人积极履行给付义务，物权变动是典型的处分行为。

2）可撤销的民事法律行为在撤销前已经生效，在被撤销之前，其法律效果可以对抗除撤销权人以外的任何人。而无效的民事法律行为在法律上当然无效，从一开始即不发生法律效力。

3）民事法律行为被追认前，善意相对人有撤销的权利。撤销应当以通知的方式作出。

4）追认权在性质上属于形成权，仅凭被代理人的单方面意思表示就可以使效力待定的合同转化为有效合同。

5）撤销权属于形成权，但催告权不属于形成权。

2. 代理制度

代理是指代理人在代理权限内，以被代理人的名义与第三人实施民事法律行为，由此产生的法律后果直接由被代理人承担的一种法律制度。

委托代理是指基于被代理人授权的意思表示而发生的代理。

合伙企业对合伙人执行合伙事务以及对外代表合伙企业权利的限制，不得对抗善意第三人。

【案例一】甲和乙公司签订了委托合同，甲代理乙公司将乙公司的塔吊出售。根据代理法律制度的规定，甲的下列行为属于滥用代理权：甲以乙公司的名义将塔吊卖给自己；甲以乙公司的名义将塔吊卖给自己代理的丙公司；甲与丁公司恶意串通，将塔吊低价卖给丁公司，损害了乙公司的利益。

【解析】滥用代理权包括：自己代理；双方代理；代理人与第三人恶意串通，损害被代理人的合法权益。

【案例二】甲为乙公司业务员，负责某小区的订奶业务多年，每月月底在小区摆摊，更新订奶户并收取下月订奶款。2013年5月29日，甲从乙公司辞职。5月30日，甲仍照常前往小区摆摊收取订奶款，订奶户不知内情，照例交款，甲亦如常开出盖有乙公司公章的订奶款收据，之后甲下落不明。根据代理法律制度的规定，甲的行为构成表见代理，应由乙公司向订奶户承担合同履行义务。

3. 诉讼时效制度

（1）诉讼时效的基本理论　诉讼时效是指民事权利受到侵害的权利人在法定的时效期间内不行使权利，当时效期间届满时，债务人获得诉讼时效抗辩权。

1）诉讼时效届满并不消灭债权人的实体权利，只是让债务人产生抗辩权。

2）诉讼时效期间的经过，不影响债权人提起诉讼，即不丧失起诉权。

3）当事人对诉讼时效利益的预先放弃无效。

4）诉讼时效的期间、计算方法以及中止、中断的事由由法律规定，当事人约定无效。

（2）诉讼时效的种类　诉讼时效的种类分为普通诉讼时效和最长诉讼时效。

1）普通诉讼时效：向人民法院请求保护民事权利的诉讼时效期间为3年。法律另有规定的，依照其规定。

2）最长诉讼时效：权利被损害超过20年的，人民法院不予保护。有特殊情况的，人民法院可以根据权利人的申请决定延长。

（3）诉讼时效期间的起算

1）诉讼时效期间自权利人知道或者应当知道权利受到损害以及义务人之日起计算。法律另有规定的，依照其规定。

2）无民事行为能力人或者限制民事行为能力人对其法定代理人的请求权，诉讼时效期间自该法定代理终止之日起算。

3）未成年人遭受性侵害的损害赔偿请求权的诉讼时效期间，自受害人年满18周岁之日起算。

4）附条件或者附期限的债的请求权，从条件成就或者期限届满之日起算。

5）约定有履行期限的债的请求权，从清偿期限届满之日起算；当事人约定同一债务分期履行的，诉讼时效期间从最后一期履行期限届满之日起计算。

6）请求他人不作为的债权请求权，应当自权利人知道义务人违反不作为义务时起算。

7）国家赔偿的诉讼时效的起算，自国家机关及其工作人员行使职权时的行为被依法确认为违法之日起算。

（4）诉讼时效的中止　自中止时效的原因消除之日起满 6 个月，诉讼时效期间届满；在 20 年的最长诉讼时效期间内，诉讼时效中止的持续时间没有限制。

（5）诉讼时效的中断事由　有下列情形之一的，诉讼时效中断，从中断、有关程序终结时起，诉讼时效期间重新计算。

1）权利人向义务人提出履行请求。

2）义务人同意履行义务。

3）权利人提起诉讼或者申请仲裁。

4）与提起诉讼或者申请仲裁具有同等效力的其他情形。

第三节　物权法律制度

物权法是调整因物的归属和利用而产生的民事关系的法律，是财产制度的基础。

1. 物权的种类

物权包括所有权、用益物权和担保物权。

1）所有权是指在法律限制范围内，对物全面支配的权利。

2）用益物权包括建设用地使用权、土地承包经营权、宅基地使用权和地役权。

3）担保物权包括抵押权、质权和留置权。

2. 不动产的物权变动

（1）基于法律行为的物权变动

1）不动产物权的设立、变更、转让和消灭，经依法登记，发生效力；未经登记，不发生效力，但法律另有规定的除外。

2）房屋买卖、建设用地使用权的取得和转让以及不动产的抵押必须登记，登记生效。

3）建设用地使用权的设立必须向登记机构办理登记，登记是建设用地使用权的生效条件。

4）以建筑物、建设用地使用权等不动产设定抵押的，必须办理抵押登记，抵押权自登记之日起设立。

5）当事人之间订立有关设立、变更、转让和消灭不动产物权的合同，除法律另有规定或者合同另有约定外，自合同成立时生效；未办理物权登记的，不影响合同的效力。

（2）非基于法律行为的物权变动

1）基于事实行为：因合法建造、拆除房屋等事实行为设立或者消灭物权的，自事实行为成就时发生效力。

2）基于法律规定：因继承或者受遗赠取得物权的，自继承或者受遗赠开始时发生效力。

3）基于公法行为：因人民法院、仲裁委员会的法律文书或者人民政府的征收决定，导致物权设立、变更、转让或者消灭的，自法律文书或者人民政府的征收决定生效时发生效力。

（3）不动产登记制度

1）不动产首次登记，是指不动产权利第一次登记。未办理不动产首次登记的，不得办理不动产其他类型登记，但法律、行政法规另有规定的除外。

2）如果不动产登记簿记载的权利人不同意更正，利害关系人可以申请异议登记。

3. 动产的物权变动

（1）动产的买卖

1）动产物权的设立和转让，自交付时发生效力，但法律另有规定的除外。

2）动产物权设立和转让前，权利人已经先行占有该动产的，物权自法律行为生效时发生效力。

3）转让人与受让人之间有关转让返还原物请求权的协议生效时为动产交付

之时。

4) 动产物权转让时,双方又约定由出让人继续占有该动产的,物权转移自该约定生效时发生效力。

(2) 动产的抵押和质押 以动产设定抵押的,抵押权自抵押合同生效时设立。但未经登记,不得对抗善意第三人。

4. 有权处分与无权处分

(1) 有权处分

1) 出卖人就同一标的物订立多重买卖合同,合同均不具有《中华人民共和国合同法》(以下简称《合同法》)第五十二条规定的无效情形,买受人因不能按照合同约定取得标的物的所有权,请求追究出卖人违约责任的,人民法院应予支持。

2) 商品房买卖合同订立后,出卖人又将该房屋出卖给第三人的,买受人可以在解除合同并赔偿损失的前提下,还可以要求出卖人承担不超过已付房款一倍的惩罚性赔偿金。

(2) 无权处分

1) 当事人一方以出卖人在缔约时对标的物没有所有权或者处分权为由主张合同无效的,人民法院不予支持。

2) 物权行为处于效力待定状态,在得到权利人追认或者无处分权人事后取得处分权的,该行为有效。

第四节 合同法律制度

1. 《合同法》总则

(1) 要约 要约是指希望和他人订立合同的意思表示,要约邀请是希望他人向自己发出要约的意思表示。

【案例】甲公司于4月1日向乙公司发出订购一批实木沙发的要约,要求乙公司于 4 月 8 日前答复。4 月 2 日乙公司收到该要约；4 月 3 日，甲公司欲改向丙公司订购实木沙发，遂向乙公司发出撤销要约的信件；该信件于 4 月 4 日到达乙公司；4 月 5 日，甲公司收到乙公司的回复，乙公司表示暂无实木沙发，问甲公司是否愿意选购布艺沙发。根据合同法律制度的规定，甲公司要约失效的时间是 4 月 5 日。

（2）承诺

1）要约以信件或者电报作出的，承诺期限自信件载明的日期或者电报交发之日开始计算；信件未载明日期的，自投寄该信件的邮戳日期开始计算。

2）受要约人超过承诺期限发出承诺的，为迟延承诺，除要约人及时通知受要约人该承诺有效以外，迟延承诺应视为新要约。

3）受要约人在承诺期限内发出承诺，按照通常情况能够及时到达要约人，但因其他原因致使承诺到达要约人时超过承诺期限的，为迟到承诺，除要约人及时通知受要约人因承诺超过期限不接受该承诺以外，迟到承诺为有效承诺。

【案例】4 月 24 日，甲向乙发出函件称："本人欲以每吨 5 000 元的价格出售螺纹钢 100 吨。如欲购买，请于 5 月 10 日前让本人知悉。"乙于 4 月 27 日收到甲的函件，并于次日回函表示愿意购买。但由于投递错误，乙的回函于 5 月 11 日方到达甲处。因已超过 5 月 10 日的最后期限，甲未再理会乙，而将钢材售与他人。乙要求甲履行钢材买卖合同。根据合同法律制度的规定，甲、乙之间的合同成立且已生效，乙有权要求甲履行合同。

【解析】由于甲未及时通知乙"承诺已经超过期限且不接受"，因此，该承诺于 5 月 11 日已经生效，甲、乙之间的合同已经成立且生效，乙有权要求甲履行合同。

（3）实际履行原则

1）法律、行政法规规定或者当事人约定采用书面形式订立合同，当事人未采用书面形式但一方已经履行主要义务、对方接受的，该合同成立。

2）合同当事人约定采用合同书形式订立合同，在签字或者盖章之前，当事人一方已经履行主要义务、对方接受的，该合同成立。

（4）合同的生效

1）依法成立的合同，自成立时生效。法律、行政法规规定应当办理批准、登记等手续生效的,依照其规定。如保证合同、抵押合同、质押合同、金融机构贷款的借款合同等。

2)定金合同从实际交付定金之日起生效;自然人之间的借款合同为实践合同,自贷款人提供借款时生效。

3)附生效条件的合同,自条件成就时生效;附生效期限的合同,自期限届至时生效。

4)应当登记备案,但登记备案并非合同的生效要件。

5)当事人之间订立有关设立、变更、转让和消灭不动产物权的合同,除法律另有规定或者合同另有约定外,自合同成立时生效;未办理物权登记的,不影响合同效力。

(5)约定不明的处理　合同生效后,当事人就质量、价款或者报酬、履行地点等内容没有约定或者约定不明确的,可以协议补充;不能达成补充协议的,按照合同有关条款或者交易习惯确定。仍不能确定的,依照下列规则确定:

1)质量要求不明确的,按照国家标准、行业标准履行;没有国家标准、行业标准的,按照通常标准或者符合合同目的的特定标准履行。

2)价款或者报酬不明确的,按照订立合同时履行地的市场价格履行。

3)履行地点不明确、给付货币的,在接受货币一方所在地履行;交付不动产的,在不动产所在地履行;其他标的,在履行义务一方所在地履行。

4)履行期限不明确的,债务人可以随时履行,债权人也可以随时要求履行,但应当给对方必要的准备时间。

5)履行方式不明确的,按照有利于实现合同目的的方式履行。

6)履行费用的负担不明确的,由履行义务一方负担。

【案例】甲、乙两公司的住所地分别位于北京和海口,甲公司向乙公司购买一批海南产香蕉,3个月后交货,但合同对于履行地点以及价款均无明确约定,双方也未能就有关内容达成补充协议,依照合同其他条款及交易习惯也无法确定。根据合同法律制度的规定,合同履行价格按合同订立时海口的市场价格履行。

(6)合同的转让

1)债权人转让权利,不需要经债务人同意,但应当通知债务人。未经通知,该转让对债务人不发生效力。

2）债权人转让权利的，受让人同时取得与债权有关的从权利（如抵押权、质权），但该从权利专属于债权人自身的除外。

3）债务人对让与人享有债权，并且其债权先于转让的债权到期或者同时到期的，债务人可以向受让人主张抵销。

4）基于当事人特定身份而订立的合同（如出版合同、赠与合同、委托合同等），因合同性质不得转让。

（7）合同解除

1）法定解除。单方当事人行使合同法定解除权的情形有下列几种：

① 因不可抗力致使不能实现合同目的。

② 在履行期限届满之前，当事人一方明确表示或者以自己的行为表明不履行主要债务。

③ 当事人一方迟延履行主要债务，经催告后在合理期限内仍未履行。

④ 当事人一方迟延履行债务或者有其他违约行为致使不能实现合同目的。

⑤ 法律规定的其他解除情形。

2）随时解除。可以行使合同随时解除权的情形有下列几种：

① 在承揽合同中，定作人可以随时解除承揽合同，造成承揽人损失的，应当赔偿损失。

② 在货运合同中，在承运人将货物交付收货人之前，托运人可以要求承运人中止运输、返还货物、变更到达地或者将货物交给其他收货人，但应当赔偿承运人因此所受的损失。

③ 在委托合同中，委托人或者受托人均可以随时解除委托合同，因解除合同给对方造成损失的，除不可归责于该当事人的事由以外，应当赔偿损失。

④ 在不定期租赁合同中，出租人或者承租人均可以随时解除合同，但出租人解除合同应当在合理期限之前通知承租人。

⑤ 租赁物危及承租人的安全或者健康的，即使承租人订立合同时明知该租赁物质量不合格，承租人仍然可以随时解除合同。

（8）提存

1）债务人可以将标的物提存的情形：债权人没有正当理由拒绝受领；债权

人下落不明；债权人死亡未确定继承人或者丧失民事行为能力未确定监护人；法律规定的其他情形。

2）通知义务：除债权人下落不明的以外，债务人应当及时通知债权人或者债权人的继承人、监护人。

3）提存的法律效力：标的物提存后，其毁损、灭失的风险由债权人承担；提存期间，标的物的孳息归债权人所有；提存费用由债权人负担。

4）债权人领取提存物的权利，自提存之日起5年内不行使而消灭，提存物扣除提存费用后归国家所有。

【案例】甲、乙双方签订一份合同，约定甲向乙购买水泥10吨。乙按约定日期向甲交货，但甲因躲避他人债务不知去向。乙无奈，将水泥提存。提存当晚，突降特大暴雨，库房坍塌，水泥被水浸泡，全部毁损。一个月后，甲躲债归来，请求乙交付水泥。乙拒绝，并要求甲支付水泥价款和提存费用。

【解析】根据合同法律制度的规定，乙的合同义务已履行完毕，有权拒绝甲交付水泥的请求；水泥毁损的损失应由甲承担；乙有权要求甲支付水泥价款。

（9）违约责任

1）补救措施。

① 当事人履行合同义务，质量不符合约定的，应当按照当事人的约定承担违约责任。

② 对违约责任没有约定或者约定不明确的，受损害方根据标的性质以及损失的大小，可以合理选择要求对方承担修理、更换、重作、退货、减少价款或者报酬等违约责任。

2）损害赔偿。

① 当事人一方不履行合同义务或者履行合同义务不符合约定的，在履行义务或者采取补救措施后，对方还有其他损失的，应当赔偿损失。

② 损失赔偿额应当相当于因违约造成的损失，包括合同履行后可以获得的利益，但不得超过违反合同一方订立合同时预见到或者应当预见到的因违反合同可能造成的损失。

③ 当事人一方违约后，对方应当采取适当措施防止损失的扩大；没有采取

适当措施致使损失扩大的,不得就扩大的损失要求赔偿。当事人因防止损失扩大而支出的合理费用由违约方承担。

④ 混合过错:买卖合同当事人一方违约造成对方损失,对方对损失的发生也有过错,违约方主张扣减相应的损失赔偿额的,人民法院应予支持。

⑤ 损益相抵:买卖合同当事人一方因对方违约而获有利益,违约方主张从损失赔偿额中扣除该部分利益的,人民法院应予支持。

3)支付违约金。

① 约定的违约金低于造成的损失的,当事人可以请求人民法院或者仲裁机构予以增加;约定的违约金过分高于造成的损失的,当事人可以请求人民法院或者仲裁机构予以适当减少。

② 当事人就迟延履行约定违约金的,违约方支付违约金后,还应当继续履行债务。

【案例】甲、乙签订一份买卖合同,约定违约方应向对方支付18万元的违约金。后甲违约,给乙造成实际损失15万元。根据合同法律制度的规定,甲应向乙支付违约金18万元,无须再赔偿15万元的损失。

4)适用定金罚则。

① 当事人既约定违约金,又约定定金的,一方违约时,对方可以选择适用违约金或者定金条款,二者不能并用。

② 买卖合同约定的定金不足以弥补一方违约造成的损失,对方请求赔偿超过定金部分的损失的,人民法院可以并处,但定金和损失赔偿的数额总和不应高于因违约造成的损失。

2. 具体合同

(1)买卖合同

1)交付的法律效力。

① 买卖合同标的物的所有权自标的物交付时转移,但法律另有规定或者当事人另有约定的除外。

② 标的物在交付之前产生的孳息归出卖人所有,交付之后产生的孳息归买

受人所有。

③ 标的物毁损、灭失的风险，在标的物交付之前由出卖人承担，交付之后由买受人承担，但法律另有规定或者当事人另有约定的除外。

④ 标的物在订立合同之前已为买受人占有的，合同生效的时间为交付时间。

2）标的物的风险负担。当事人没有约定交付地点或者约定不明确，标的物需要运输的，出卖人将标的物交付给第一承运人后，标的物毁损、灭失的风险由买受人承担。

3）标的物的检验。

① 买受人应当在检验期间内将标的物的数量或者质量不符合约定的情形通知出卖人；买受人怠于通知的，视为标的物的数量或者质量符合约定。

② 买受人在合理期间内未通知或者自标的物收到之日起2年内未通知出卖人的，视为标的物的数量或者质量符合约定；但对标的物有质量保证期的，适用质量保证期，不适用2年的规定。

（2）商品房买卖合同

1）销售广告的性质认定。商品房的销售广告和宣传资料为要约邀请。但是，出卖人就商品房开发规划范围内的房屋及相关设施所做的说明和允诺具体确定，并对合同的订立以及房屋价格的确定有重大影响的，视为要约。该说明和允诺即使未载入商品房买卖合同，仍属于合同的组成部分，当事人违反这些内容的，应当承担违约责任。

2）商品房预售合同的效力。商品房预售属于法律规定的特许经营范围，因此出卖人必须申领商品房预售许可证明。

① 出卖人未取得预售许可而与买受人订立预售合同的，合同无效，但是在起诉前取得预售许可的，合同有效。

② 商品房预售合同应当办理登记备案手续，但该登记备案手续并非合同的生效条件，当事人另有约定的除外。

（3）租赁合同

1）租赁合同的期限。租赁合同的期限超过20年的，超过部分无效。租赁期间届满，当事人可以续订租赁合同，但约定的租赁期限自续订之日起仍不得超过20年。

2）不定期租赁。

① 租赁期限 6 个月以上的，合同应当采用书面形式。当事人未采用书面形式的，视为不定期租赁。

② 当事人对租赁期限没有约定或者约定不明确，依照《合同法》有关规定仍不能确定的，视为不定期租赁。

③ 租赁期届满，承租人继续使用租赁物，出租人没有提出异议的，原租赁合同继续有效，但租赁期限为不定期。

3）租金的支付期限。对租金的支付期限没有约定或约定不明确，当事人可以协议补充，不能达成补充协议的，可以根据合同的有关条款或者交易习惯确定。

仍不能确定的，适用以下规则：

① 租赁期限不满一年的，应当在租赁期限届满时支付。

② 租赁期限一年以上的，应当在每届满一年时支付；剩余期间不满一年的，应当在租赁期限届满时支付。

4）买卖不破租赁。租赁物在租赁期间发生所有权变动的，不影响租赁合同的效力，即"买卖不破租赁"。

【案例】甲公司将其设备租赁给乙公司使用。租赁期间，甲公司将该设备卖给丙公司。根据合同法律制度的规定，买卖合同有效，原租赁合同继续有效。

（4）融资租赁合同　融资租赁合同是出租人根据承租人对出卖人、租赁物的选择，向出卖人购买租赁物，提供给承租人使用，承租人支付租金的合同。

1）合同当事人的权利和义务。

① 承租人应当履行占有租赁物期间的维修义务。

② 承租人占有租赁物期间，租赁物毁损、灭失的风险由承租人承担；出租人要求承租人继续支付租金的，人民法院应予支持。但当事人另有约定或者法律另有规定的除外。

③ 承租人占有租赁物期间，租赁物造成第三人的人身伤害或者财产损害的，出租人不承担责任。

④ 租赁物不符合约定或者不符合使用目的的，出租人不承担责任，但承租人依赖出租人的技能确定租赁物或者出租人干预选择租赁物的除外。

【案例】甲公司欲购买乙公司生产的塔吊，因缺乏资金，遂由丙公司提供融资租赁。由于塔吊存在质量问题，吊装的物品坠落并砸伤行人丁，甲公司被迫停产修理。根据合同法律制度的规定，甲公司无权请求丙公司赔偿修理塔吊的费用，甲公司不得以塔吊存在质量问题并发生事故为由，延付或者拒付租金。

2）租赁物的权属。在融资租赁期间，出租人享有租赁物的所有权。出租人和承租人可以约定租赁期间届满租赁物的归属。对租赁物的归属没有约定或者约定不明确，依照《合同法》有关规定仍不能确定的，租赁物的所有权归出租人。

（5）金融机构的贷款合同

1）我国全面开放金融机构贷款利率管制，除个人住房贷款利率浮动区间暂不调整外，金融机构其他贷款利率不再设上下限。

2）在借款合同中，借款的利息不得预先在本金中扣除。利息预先在本金中扣除的，应当按照实际借款数额返还借款并计算利息。借款人提前偿还借款的，除当事人另有约定的以外，应当按照实际借款的期间计算利息。

（6）建设工程合同

1）当事人就同一建设工程另行订立的建设工程施工合同与经过备案的中标合同实质性内容不一致的，应当以备案的中标合同作为结算工程价款的依据。

2）承包人超越资质等级许可的业务范围签订建设工程施工合同，在建设工程竣工前取得相应资质等级的，不按无效合同处理。

3）经发包人同意，总承包人可以将自己承包的部分工作交由第三人完成；第三人就其完成的工作成果与总承包人向发包人承担连带责任。

4）建设工程主体结构的施工必须由总承包人自行完成。

5）总承包人不得将其承包的建设工程全部转包给第三人或者将其承包的全部建设工程肢解后以分包的名义分别转包给第三人。

【案例】甲公司与乙公司签订建设工程施工合同，由乙公司承建甲公司的办公楼，但乙公司并无相应的建筑施工企业资质。工程竣工后，经验收合格。根据合同法律制度的规定，合同无效，但乙公司有权请求甲公司参照合同约定的工程价款数额付款。

第五节　合伙企业法律制度

1. 普通合伙企业

合伙企业分为普通合伙企业（其中包括特殊的普通合伙企业）和有限合伙企业。

普通合伙企业的特征是"所有"，即所有的合伙人对所有的企业债务均应承担无限连带责任。

（1）普通合伙企业的设立

1）普通合伙企业设立的条件。

① 有两个以上合伙人。合伙人为自然人的，应当具有完全民事行为能力。

② 有书面合伙协议。

③ 有合伙人认缴或者实际缴付的出资。

④ 有合伙企业的名称和生产经营场所。

⑤ 法律、行政法规规定的其他条件。

2）普通合伙企业设立的其他规定。

① 国有独资公司、国有企业、上市公司以及公益性的事业单位、社会团体不得成为普通合伙人，但可以成为有限合伙人。

② 合伙人可以用货币、实物、知识产权、土地使用权或者其他财产权利出资，普通合伙人也可以用劳务出资。

③ 合伙人以劳务出资的，其评估办法由全体合伙人协商确定，并在合伙协议中载明。

④ 合伙协议经全体合伙人签名、盖章后生效。

⑤ 修改或者补充合伙协议，应当经全体合伙人一致同意；但是，合伙协议另有约定的除外。

（2）合伙企业的财产

1）财产份额的转让。

① 对内转让：普通合伙人之间转让在合伙企业中的全部或者部分财产份额

时，应当通知其他合伙人。

② 对外转让：除合伙协议另有约定外，普通合伙人向合伙人以外的人转让其在合伙企业中的全部或者部分财产份额时，须经其他合伙人一致同意。

普通合伙人向合伙人以外的人转让其在合伙企业中的财产份额的，在同等条件下，其他合伙人有优先购买权；但是，合伙协议另有约定的除外。

【案例】某普通合伙企业合伙人甲拟对外转让其持有的合伙企业财产份额，合伙协议对于转让程序无特定约定。根据合伙企业法律制度的规定，须经甲以外的其他合伙人一致同意。

2）财产份额的出质。普通合伙人以其在合伙企业中的财产份额出质的，须经其他合伙人一致同意；未经其他合伙人一致同意，其行为无效，由此给善意第三人造成损失的，由行为人依法承担赔偿责任。

（3）合伙企业的事务执行

1）合伙人共同执行。普通合伙人无论其出资多少，都对企业债务承担无限连带责任，因此，各合伙人无论其出资多少，都有权平等享有执行合伙企业事务的权利。

2）委托执行。委托一个或者数个合伙人执行合伙事务的，执行合伙事务的合伙人对外代表合伙企业，其他合伙人不得对外代表合伙企业。

3）分别执行。合伙人分别执行合伙事务的，执行事务合伙人可以对其他合伙人执行的事务提出异议。提出异议时，应当暂停该项事务的执行。如果发生争议，按照合伙协议约定的表决办法办理，合伙协议未约定或者约定不明确的，实行合伙人一人一票并经全体合伙人过半数通过的表决办法。

4）合伙人有权查阅合伙企业会计账簿等财务资料。

5）合伙企业的利润分配、亏损分担，按照合伙协议的约定办理。

6）合伙协议不得约定将全部利润分配给部分合伙人或者由部分合伙人承担全部亏损。

【案例】2017 年 6 月，自然人甲、乙、丙设立某合伙企业。合伙协议约定：甲、乙各出资 30 万元，丙出资 90 万元，均应于合伙企业成立之日起两年内缴清；合伙协议未约定利润分配事项。2018 年 6 月，合伙企业拟分配利润，此时甲、乙已完全履行出资义务，丙已向合伙企业出资60万元，在甲、乙、丙未能就此次利润分配方案达成一致意见的情形下，甲、乙、丙应按1∶1∶2的比例分配。

（4）合伙企业与第三人的关系

1）合伙企业对合伙人执行合伙事务以及对外代表合伙企业权利的限制，不得对抗善意第三人。合伙人在合伙企业清算前私自转移或者处分合伙企业财产的，合伙企业不得以此对抗善意第三人。

2）合伙人出质。普通合伙人以其在合伙企业中的财产份额出质的，须经其他合伙人一致同意；未经其他合伙人一致同意，其行为无效，由此给善意第三人造成损失的，由行为人依法承担赔偿责任。

3）债务清偿。

① 普通合伙人个人的债务清偿：合伙人发生与合伙企业无关的债务，相关债权人不得以其债权抵销其对合伙企业的债务；也不得代位行使合伙人在合伙企业中的权利。合伙人的自有财产不足清偿其与合伙企业无关的债务的，该合伙人可以以其从合伙企业中分取的收益用于清偿；债权人也可以依法请求人民法院强制执行该合伙人在合伙企业中的财产份额用于清偿。债权人不能自行接管或者直接变卖该合伙人在合伙企业中的财产份额。

② 普通合伙企业的债务清偿：合伙企业对其债务，应先以其全部财产进行清偿。合伙企业不能清偿到期债务的，普通合伙人承担无限连带责任。合伙人之间的分担比例对债权人没有约束力。债权人可以根据自己的清偿利益，请求全体合伙人中的一人或者数人承担全部清偿责任，也可以按照自己确定的比例向各合伙人分别追索。如果某一合伙人实际支付的清偿数额超过其依照既定比例所应承担的数额，该合伙人有权就超过部分向其他未支付或者未足额支付应承担数额的合伙人追偿。

（5）退伙　退伙包括自愿退伙（协议退伙、通知退伙）和法定退伙（当然退伙、除名）。

1）协议退伙。合伙协议约定合伙期限的，在合伙企业存续期间，有下列情形之一的，合伙人可以退伙：

① 合伙协议约定的退伙事由出现。

② 经全体合伙人一致同意。

③ 发生合伙人难以继续参加合伙的事由。

④ 其他合伙人严重违反合伙协议约定的义务。

2）通知退伙。合伙协议未约定合伙期限的，合伙人在不给合伙企业事务执行造成不利影响的情况下，可以退伙，但应当提前30日通知其他合伙人。

3）当然退伙。当然退伙的法定情形有：

① 作为合伙人的自然人死亡或者被依法宣告死亡。

② 个人丧失偿债能力。

③ 作为合伙人的法人或者其他组织依法被吊销营业执照、责令关闭、撤销，或者被宣告破产。

④ 法律规定或者合伙协议约定合伙人必须具有相关资格而丧失该资格。

⑤ 合伙人在合伙企业中的全部财产份额被人民法院强制执行。

退伙事由实际发生之日为退伙生效日。

4）除名。合伙人有下列情形之一的，经其他合伙人一致同意，可以决议将其除名：

① 未履行出资义务。

② 因故意或者重大过失给合伙企业造成损失。

③ 执行合伙事务时有不正当行为。

④ 发生合伙协议约定的事由。

对合伙人的除名决议应当书面通知被除名人。被除名人接到除名通知之日，除名生效，被除名人退伙。被除名人对除名决议有异议的，可以自接到除名通知之日起30日内，向人民法院起诉。

【案例】某普通合伙企业的合伙人甲因执行合伙事务有不正当行为，经合伙人会议决议将其除名，甲接到除名通知后不服，诉至人民法院。根据合伙企业法律制度的规定，该合伙企业对甲除名的生效日期为甲接到除名通知之日。

5）财产继承。如果继承人不愿意成为合伙人或者不能成为合伙人的，合伙企业应当向其退还被继承合伙人的财产份额。

2. 有限合伙企业

（1）有限合伙企业的设立

1）有限合伙企业由 2 个以上 50 个以下合伙人设立，但是，法律另有规定的除外。

2）有限合伙企业至少应当有 1 个普通合伙人和 1 个有限合伙人。有限合伙企业仅剩有限合伙人的，应当解散；有限合伙企业仅剩普通合伙人的，应当转为普通合伙企业。

3）国有独资公司、国有企业、上市公司以及公益性的事业单位、社会团体不得成为普通合伙人，可以成为有限合伙人。

4）有限合伙人可以用货币、实物、知识产权、土地使用权或者其他财产权利作价出资；有限合伙人不得以劳务出资。

5）有限合伙企业名称中应当标明"有限合伙"字样。

6）有限合伙企业登记事项中应当载明有限合伙人的姓名或者名称及认缴的出资数额。

7）有限合伙人应当按照合伙协议的约定按期足额缴纳出资，未按期足额缴纳的，应当承担补缴义务，并对其他合伙人承担违约责任。

【案例】甲为国有独资公司，乙为上市公司，丙为外商独资企业，丁为民营投资有限公司，以上四家公司拟成立一家有限合伙企业。根据合伙企业法律制度的规定，可以担任普通合伙人的是丙和丁。

（2）有限合伙企业的事务执行

1）有限合伙企业由普通合伙人执行合伙事务，有限合伙人不执行合伙事务，不得对外代表有限合伙企业。

2）有限合伙企业不得将全部利润分配给部分合伙人，但是，合伙协议另有约定的除外。

3）合伙企业不能清偿到期债务的，债权人可以依法向人民法院提出破产清算申请，也可以要求普通合伙人清偿。

第六节 公司法律制度

1. 公司的设立

（1）股东的出资形式　股东出资方式有货币和非货币财产两种，具体可分为货币、实物、知识产权和土地使用权。股东不得以劳务、信用、自然人姓名、商誉、特许经营权或者设定担保的财产等作价出资。

1）已经交付公司使用，但未办理权属变更手续。

① 出资人以房屋、土地使用权或者需要办理权属登记的知识产权等财产出资，已经交付公司使用但未办理权属变更手续的，公司、其他股东或者公司债权人主张认定出资人未履行出资义务的，人民法院应当责令当事人在指定的合理期间内办理权属变更手续。

② 在指定的期间内办理了权属变更手续的，人民法院应当认定其已经履行了出资义务；出资人主张自其实际交付财产给公司使用时享有相应股东权利的，人民法院应予支持。

2）已经办理权属变更手续，但未交付给公司使用。出资人以房屋、土地使用权或者需要办理权属登记的知识产权等财产出资，已经办理权属变更手续但未交付给公司使用的，公司或者其他股东主张其向公司交付、并在实际交付之前不享有相应股东权利的，人民法院应予支持。

【案例】甲有限责任公司成立于2017年1月5日。公司章程规定，股东乙以其名下的一套房产出资。乙于1月7日将房产交付公司，但未办理权属变更手续。5月9日，股东丙诉至人民法院，要求乙履行出资义务。5月31日，人民法院责令乙于10日内办理权属变更手续。6月6日，乙完成办理权属变更手续。根据公司法律制度的规定，乙享有股东权利的起始日期是1月7日。

（2）股东违反出资义务的责任

1）有限责任公司成立后，股东未按章程规定缴纳出资，除应当向公司足额缴纳外，还应当向已按期足额缴纳出资的股东承担违约责任。

2）股东未履行或者未全面履行出资义务或者抽逃出资，公司根据公司章程或者股东会决议对其利润分配请求权、新股优先认购权、剩余财产分配请求权等股东权利做出相应的合理限制，该股东请求认定该限制无效的，人民法院不予支持。

3）有限责任公司的股东未履行出资义务或者抽逃全部出资，经公司催告，在合理期间内仍未缴纳或者返还出资，公司以股东会决议解除该股东的股东资格，该股东请求确认该解除行为无效的，人民法院不予支持。

（3）公司设立阶段的债务

1）发起人为设立公司以自己的名义与他人订立合同，根据《中华人民共和国民法总则》（以下简称《民法总则》）的规定，合同相对人有权选择请求该发起人或者成立后的公司承担合同义务。

2）发起人为设立公司以设立中公司的名义与他人订立合同，根据《民法总则》的规定，公司成立后自动承担该合同义务。公司未成立，则单一发起人独自承担设立所产生的债务；发起人为数人的，连带承担债务。

2. 股东权利

（1）表决权、新股优先认购权与分红权

1）表决权。有限责任公司的股东按照出资比例行使表决权，但公司章程另有规定的除外；股份有限公司的股东按照持股比例行使表决权。

2）新股优先认购权。有限责任公司新增资本时，股东有权优先按照实缴的出资比例认缴出资；但是，全体股东可以事先约定不按照出资比例优先认缴出资；股份有限公司的股东没有新股优先认购权，除非股东大会在发行新股时通过向原股东配售新股的决议。

3）分红权。

① 有限责任公司的股东按照实缴的出资比例分取红利；但是，全体股东可以事先约定不按照出资比例分取红利；股份有限公司按照股东持有的股份比例分配利润，但股份有限公司章程规定不按持股比例分配的除外。

② 股东起诉请求公司分配利润案件，应当列公司为被告。

③ 股东提交载明具体分配方案的股东会或者股东大会的有效决议，请求公

司分配利润，公司拒绝分配利润且其关于无法执行决议的抗辩理由不成立的，人民法院应当判决公司按照决议载明的具体分配方案向股东分配利润。

④ 股东未提交载明具体分配方案的股东会或者股东大会决议，请求公司分配利润的，人民法院应当驳回其诉讼请求，但违反法律规定滥用股东权利导致公司不分配利润，给其他股东造成损失的除外。

（2）查阅权

1）有限责任公司查阅权。股东有权查阅、复制公司章程、股东会会议记录、董事会会议决议、监事会会议决议和财务会计报告。

股东可以要求查阅公司会计账簿。股东要求查阅公司会计账簿的，应当向公司提出书面请求，说明目的。公司有合理根据认为股东查阅会计账簿有不正当目的，可能损害公司合法利益的，可以拒绝提供查阅，并应当自股东提出书面请求之日起15日内书面答复股东并说明理由。

2）股份有限公司查阅权。股东有权查阅公司章程、股东大会会议记录、董事会会议决议、监事会会议决议、财务会计报告、股东名册和公司债券存根。

3. 有限责任公司的股权转移

1）有限责任公司的股东之间可以相互转让全部或者部分股权。《中华人民共和国公司法》对此未设任何限制。

2）有限责任公司的股东向股东以外的人转让股权，应当经其他股东过半数同意。其他股东半数以上不同意转让，不同意的股东不购买的，人民法院应当认定视为同意转让。

3）有限责任公司的股东向股东以外的人转让股权，应就其股权转让事项以书面或者其他能够确认收悉的合理方式通知其他股东征求同意。其他股东自接到通知之日起满30日未答复的，视为同意转让。

4. 公司的经营管理

（1）董事、监事和高级管理人员

1）基本规定。公司法定代表人依照公司章程的规定，由董事长、执行董事或者经理担任。公司章程对公司、股东、董事、监事和高级管理人员均有约束力。董事、高级管理人员不得兼任监事。

2）任职资格。有下列情形之一的，不得担任公司的董事、监事、高级管理人员：

① 无民事行为能力或者限制民事行为能力。

② 因贪污、贿赂、侵占财产、挪用财产或者破坏社会主义市场经济秩序，被判处刑罚，执行期满未逾5年，或者因犯罪被剥夺政治权利，执行期满未逾5年。

③ 担任破产清算的公司、企业的董事或者厂长、经理，对该公司、企业的破产负有个人责任的，自该公司、企业破产清算完结之日起未逾3年。

④ 担任因违法被吊销营业执照、责令关闭的公司、企业的法定代表人，并负有个人责任的，自该公司、企业被吊销营业执照之日起未逾3年。

⑤ 个人所负数额较大的债务到期未清偿。

（2）对外担保　公司为他人提供担保的，按照公司章程的规定由董事会或者股东（大）会决议；公司为股东或者实际控制人提供担保的，必须经股东（大）会决议。接受担保的股东或者受实际控制人支配的股东不得参加表决，该项表决由出席会议的其他股东所持表决权的过半数通过。

（3）公积金

1）盈余公积金。

① 法定公积金：按照税后利润的10%提取，当法定公积金累计额为注册资本的50%以上时，可以不再提取。用法定公积金转增资本时，转增后留存的法定公积金不得少于转增前注册资本的25%。

② 任意公积金：提取比例没有限制，用任意公积金转增资本时，不受25%的限制。

2）资本公积金。股份有限公司以超过股票票面金额的发行价格发行股份所得的溢价款，应当列为公司资本公积金。资本公积金不得用于弥补亏损。

5. 股份有限公司的股份转让

1）发起人持有的本公司股份，自公司成立之日起一年内不得转让；因司法强制执行、继承、遗赠、依法分割财产等导致股份变动的除外。

2）公司公开发行股份前已发行的股份，自公司股票在证券交易所上市交易之日起 1 年内不得转让；因司法强制执行、继承、遗赠、依法分割财产等导致股份变动的除外。

3）董事、监事、高级管理人员所持本公司股份，自公司股票上市交易之日起 1 年内不得转让。

4）董事、监事、高级管理人员在任职期间每年转让的股份不得超过其所持有本公司股份总数的 25%。上市公司董事、监事和高级管理人员所持股份不超过 1 000 股的，自公司股票上市交易之日起 1 年后可以一次性全部转让，不受 25% 的限制。

5）董事、监事、高级管理人员离职后 6 个月内，不得转让其所持有的本公司股份。

第七节　票据与支付结算法律制度

我国的票据法所规范的对象包括支票、本票和汇票三种票据。它们的共同特点是：在票据规定的期限内，持票人或收款人可向出票人或指定付款人无条件地支取确定金额的货币；它们都属于反映一定债权债务关系的、可流通的、代表一定数量货币请求权的有价证券[7]。

1. 支票和银行本票

（1）支票　支票是指出票人签发的，委托办理支票存款业务的银行或者其他金融机构在见票时无条件支付确定的金额给收款人或者持票人的票据。

1）支票的出票。

① 绝对必要记载事项：支票的绝对必要记载事项包括表明"支票"的字样、无条件支付的委托、确定的金额、付款人名称、出票日期和出票人签章。未记载的，支票无效。

② 相对必要记载事项：支票上未记载付款地的，以付款人的营业场所为付款地；支票上未记载出票地的，以出票人的营业场所、住所或者经常居住地为出票地。

③ 可以记载的事项（任意记载事项）：出票人可以记载"不得转让"字样，

如有该记载,则支票不得转让。

④ 不发生票据法上效力的事项:出票人可以在支票上记载"用途"(如偿还货款),但该记载不发生票据法上的效力。

⑤ 记载无效的事项:支票限于见票即付,不得另行记载付款日期;另行记载付款日期的,该记载无效,支票仍然有效。

2)支票的提示付款期限。支票的持票人应当自出票日起 10 日内提示付款,超过该期限提示付款的,持票人丧失对出票人以外的前手的追索权。支票的持票人对出票人的票据权利,自出票之日起 6 个月不行使而消灭。

(2)银行本票 银行本票是指由出票人签发的,承诺自己在见票时无条件支付确定的金额给收款人或者持票人的票据。

1)银行本票的出票。

① 绝对必要记载事项:银行本票的绝对必要记载事项包括表明"本票"的字样、无条件支付的承诺、确定的金额、收款人名称、出票日期和出票人签章。

② 相对必要记载事项:银行本票未记载付款地的,以出票人的营业场所为付款地;银行本票未记载出票地的,以出票人的营业场所为出票地。

③ 可以记载的事项(任意记载事项):出票人如果记载了"不得转让"字样,该银行本票不得转让。

2)银行本票的付款期限。银行本票自出票之日起,付款期限最长不得超过 2 个月。银行本票的持票人未按照规定期限提示付款的,即丧失对出票人以外的前手(背书人及其保证人)的追索权。

2. 商业汇票

(1)汇票的出票

1)汇票的类型。

① 根据出票人的不同,汇票分为银行汇票和商业汇票。

② 商业汇票根据承兑人的不同,分为商业承兑汇票和银行承兑汇票。

③ 商业汇票根据付款日期的不同,分为即期商业汇票和远期商业汇票。

2)商业汇票的付款日期。商业汇票根据付款日期的不同,分为见票即付、定日付款、出票后定期付款和见票后定期付款四种类型。

3）出票的记载事项。

① 绝对必要记载事项：汇票的绝对必要记载事项包括表明"汇票"的字样、无条件支付的委托、确定的金额、付款人名称、收款人名称、出票日期和出票人签章。未记载的，汇票无效。

② 相对必要记载事项：未记载付款日期的，视为见票即付；未记载付款地的，以付款人的营业场所、住所或者经常居住地为付款地；未记载出票地的，以出票人的营业场所、住所或者经常居住地为出票地。

③ 可以记载的事项（任意记载事项）：出票人在汇票上记载"不得转让"字样的，汇票不得转让。如果收款人将该汇票背书转让（包括贴现）给他人，背书行为无效，取得票据的人并不能因此而取得票据权利。

④ 不产生票据法上效力的记载事项：出票人关于票据签发用途的记载，以及有关利息、违约金的记载，这些记载不具有汇票上的效力，是否具有民法上的效力，应根据民法进行判断。

（2）汇票的背书　背书是指持票人为将票据权利转让给他人或者将票据权利授予他人行使，在票据背面或者粘单上记载有关事项并签章，然后将票据交付给被背书人的票据行为。背书包括转让背书和非转让背书（委托收款背书和质押背书）。

1）背书行为的实质要件。背书人必须将票据交付给被背书人，被背书人才取得票据权利。

2）背书行为的形式要件。

① 绝对必要记载事项：背书人的签章。

② 相对必要记载事项：背书日期。背书未记载日期的，视为在汇票到期日前背书。

③ 可以补记的事项：被背书人名称。背书人未记载被背书人名称即将票据交付他人的，持票人在票据被背书人栏内记载自己的名称与背书人记载具有同等法律效力。

3）附条件的背书。背书时附有条件的，所附条件不具有汇票上的效力，即不影响背书行为本身的效力。

4）任意记载事项。背书人在汇票上记载"不得转让"字样，其后手再背书转让的，原背书人对后手的被背书人不承担保证责任。

(3) 汇票的承兑

1) 提示承兑期限。

① 见票即付的商业汇票：无须提示承兑。

② 定日付款或者出票后定期付款的商业汇票：到期日前提示承兑。

③ 见票后定期付款的商业汇票：自出票之日起 1 个月内提示承兑。

2) 付款人应当自收到提示承兑的汇票之日起 3 日内承兑或者拒绝承兑。如果付款人在 3 日内不作承兑与否表示的，视为拒绝承兑。

3) 承兑的法律效力。

① 承兑人是汇票上的主债务人，承兑人于汇票到期日必须向持票人无条件地支付汇票上的金额。

② 承兑人不得以其与出票人之间的资金关系来对抗持票人，拒绝支付汇票金额。

③ 承兑人的票据责任不因持票人未在法定期限内提示付款而解除，在持票人做出说明后，承兑人仍应向持票人付款。

3. 票据权利和票据行为

(1) 票据权利的取得

1) 依出票行为，收款人取得票据权利。

2) 以背书转让的票据，背书应当连续；持票人以背书的连续，证明其票据权利。非经背书转让，而以其他合法方式（如税收、继承、赠与、法人的合并或者分立）取得票据的，不受背书连续的限制，由持票人依法举证，证明其票据权利。

3) 以欺诈、偷盗或者胁迫等手段取得票据的，或者明知有前列情形，出于恶意取得票据的，不得享有票据权利。持票人因重大过失取得不符合票据法规定的票据的，也不得享有票据权利。

4) 凡是善意的、已付对价的正当持票人可以向任何票据债务人请求付款，不受其前手权利瑕疵和前手相互间抗辩的影响。

5) 凡是无对价或者无相当对价取得票据的，如果属于善意取得，仍然享有票据权利，但票据持有人必须承受其前手的权利瑕疵。如果前手的权利因违法或者有瑕疵而受影响或者丧失，该持票人的权利也因此而受到影响或者丧失。

（2）票据抗辩　票据抗辩是指票据债务人基于合法事由对持票人拒绝履行票据债务的行为。

1）对物抗辩。对物抗辩（绝对的抗辩）是指票据债务人可以对任何持票人进行抗辩。对物抗辩的情形包括但不限于：票据所记载的全部票据权利均不存在；票据上记载的特定债务人的债务不存在。

2）对人抗辩。对人抗辩（相对的抗辩）是指票据债务人可基于合法理由对特定持票人主张抗辩。

① 票据债务人可以对不履行约定义务的与自己有直接债权债务关系的持票人，进行抗辩。

② 票据债务人不得以自己与出票人之间的抗辩事由对抗持票人，但持票人明知存在抗辩事由而取得票据的除外。

③ 票据债务人不得以自己与持票人的前手之间的抗辩事由对抗持票人，但持票人明知存在抗辩事由而取得票据的除外。

④ 凡是善意的、已付对价的正当持票人可以向任何票据债务人请求付款，不受其前手权利瑕疵和前手相互间抗辩的影响。

⑤ 持票人取得的票据是无对价或者不相当对价的，只要持票人取得票据时是善意的，仍然享有票据权利，但其享有的票据权利不能优于其前手的权利。因此，票据债务人可以以对抗持票人前手的抗辩事由对抗该持票人。

4. 票据权利的消灭时效

付款请求权的消灭时效：持票人对汇票承兑人的付款请求权，消灭时效期间为两年，自票据到期日起算；持票人对本票出票人的付款请求权，消灭时效期间为两年，自出票日起算。

第八节　企业国有资产法律制度

1. 企业国有资产法律制度概述

（1）企业国有资产的监督管理体制　企业国有资产是指国家作为出资人对

所出资企业所享有的权益，而不是指国家出资企业的各项具体财产。出资人将出资投入企业，所形成的厂房、机器设备等各项具体财产，属于企业所有。

具体如下：

1）企业国有资产属于国家所有，国务院代表国家行使企业国有资产所有权。

2）国务院和地方人民政府应当按照政企分开、社会公共管理职能与企业国有资产出资人职能分开、不干预企业依法自主经营的原则，依法履行出资人职责。

3）出资人对企业法人财产不享有直接的所有权，出资人（股东）享有的权利，通常表现为资产收益、参与重大决策和选择管理者等权利。

（2）国家出资企业管理者的选择和考核

1）管理者的任免范围。

① 国有独资企业：任免经理、副经理、财务负责人和其他高级管理人员。

② 国有独资公司：任免董事长、副董事长、董事、监事会主席和监事。

③ 国有资本控股公司、国有资本参股公司：向股东会、股东大会提出董事、监事人选。

2）对管理者兼职的限制。

① 未经履行出资人职责的机构同意，国有独资企业、国有独资公司的董事、高级管理人员不得在其他企业兼职。

② 未经股东会、股东大会同意，国有资本控股公司、国有资本参股公司的董事、高级管理人员不得在经营同类业务的其他企业兼职。

③ 未经履行出资人职责的机构同意，国有独资公司的董事长不得兼任经理。

④ 未经股东会、股东大会同意，国有资本控股公司的董事长不得兼任经理。

⑤ 董事、高级管理人员不得兼任监事。

3）对管理者的经营业绩考核。年度经营业绩考核指标包括基本指标（利润总额、经济增加值）和分类指标。任期经营业绩考核以3年为考核期，任期经营业绩考核指标包括基本指标（国有资本保值增值率、总资产周转率）和分类指标。

（3）对重大事项的管理

1）国有独资企业、国有独资公司。

① 进行重大投资、为他人提供大额担保、转让重大财产、进行大额捐赠：国有独资企业由企业负责人集体讨论决定，国有独资公司由董事会决定。

② 增减注册资本、发行债券、分配利润：由履行出资人职责的机构决定。

③ 合并、分立、解散、申请破产、改制。一般的国有独资企业、国有独资公司：由履行出资人职责的机构决定；重要的国有独资企业、国有独资公司：履行出资人职责的机构在做出决定前，应当报请本级人民政府批准。

2）国有资本控股公司。进行重大投资、为他人提供大额担保、转让重大财产、进行大额捐赠、合并、分立、解散、申请破产、增减注册资本、发行债券、分配利润：根据法律、行政法规和公司章程的规定，由股东（大）会或者董事会决定。

3）重要的国有资本控股公司的"合并、分立、解散、改制、申请破产"，履行出资人职责的机构做出决定之前，应当报请本级人民政府批准。

（4）与关联方的交易　关联方是指本企业的董事、监事、高级管理人员及其近亲属，以及这些人员所有或者实际控制的企业。

未经履行出资人职责的机构同意，国有独资企业、国有独资公司不得有下列行为：

1）与关联方订立财产转让、借款的协议。

2）为关联方提供担保。

3）与关联方共同出资设立企业。

4）向董事、监事、高级管理人员或者其近亲属所有或者实际控制的企业投资。

（5）企业国有资产损失责任

1）国有独资企业、国有独资公司、国有资本控股公司的董事、监事、高级管理人员违反规定，造成国有资产重大损失，被免职的，自免职之日起5年内不得担任国有独资企业、国有独资公司、国有资本控股公司的董事、监事、高级管理人员。

2）国有独资企业、国有独资公司、国有资本控股公司的董事、监事、高级管理人员违反规定，造成国有资产特别重大损失，或者因贪污、贿赂、侵占财产、挪用财产或者破坏社会主义市场经济秩序，被判处刑罚，终身不得担任国有独资企业、国有独资公司、国有资本控股公司的董事、监事、高级管理人员。

(6) 资产评估机构

1) 资产评估机构的组织形式为合伙制或者公司制。

2) 评估报告应当由至少两名承办该项业务的评估专业人员签名并加盖评估机构印章。资产评估机构及其评估师对其出具的资产评估报告依法承担责任。

3) 资产评估档案的保存期限不得少于30年。

4) 资产评估机构违反法律规定，出具虚假评估报告的，由有关评估行政管理部门责令停业6个月以上1年以下；有违法所得的，没收违法所得，并处违法所得1倍以上5倍以下罚款；情节严重的，由工商行政管理部门吊销营业执照；构成犯罪的，依法追究刑事责任。

2. 非金融企业国有资产交易管理制度

2016年6月24日，国务院国有资产监督管理委员会、财政部联合发布了《企业国有资产交易监督管理办法》，对除金融、文化类国家出资企业的国有资产交易和上市公司的国有股权转让以外的企业国有资产交易行为的监督管理做出了规定。

关于企业产权转让的审核批准规定如下：

1) 国有资产监督管理机构负责审核国家出资企业的产权转让事项。其中，因产权转让致使国家不再拥有所出资企业控股权的，须由国有资产监督管理机构报本级人民政府批准。

2) 对主业处于关系国家安全、国民经济命脉的重要行业和关键领域，主要承担重大专项任务子企业的产权转让，须由国家出资企业报同级国有资产监督管理机构批准。

3) 转让方为多家国有股东共同持股的企业，由其中持股比例最大的国有股东负责履行相关批准程序；各国有股东持股比例相同的，由相关股东协商后确定其中一家股东负责履行相关批准程序。

4) 产权转让涉及职工安置事项的，安置方案应当经职工代表大会或者职工大会审议通过。

第九节 反垄断法律制度

1. 反垄断法律制度概述

(1)《中华人民共和国反垄断法》(以下简称《反垄断法》)的适用范围 境内经济活动中的垄断行为,适用《反垄断法》。境外的垄断行为,对境内市场竞争产生排除、限制影响的,适用《反垄断法》。

(2)反垄断法律责任 《反垄断法》未对经营者的垄断行为规定刑事责任,仅对阻碍、拒绝反垄断执法机构审查、调查行为以及反垄断执法机构的工作人员滥用职权、玩忽职守、徇私舞弊或者泄露执法过程中知悉的商业秘密两种情形,规定了刑事责任。

虽然《反垄断法》未对经营者的垄断行为规定刑事责任,但《中华人民共和国招标投标法》及《中华人民共和国刑法》均对情节严重的串通招投标行为规定了刑事责任。

(3)反垄断调查 反垄断执法机构调查涉嫌垄断行为,可以采取下列措施:

1)进入被调查的经营者的营业场所或者其他有关场所进行检查。

2)询问被调查的经营者、利害关系人或者其他有关单位或者个人,要求其说明有关情况。

3)查阅、复制被调查的经营者、利害关系人或者其他有关单位或者个人的有关单证、协议、会计账簿、业务函电、电子数据等文件和资料。

4)查封、扣押相关证据。

5)查询经营者的银行账户。

2. 垄断协议

垄断协议是指两个或者两个以上经营者排除、限制竞争的协议、决定或者其他协同行为。其他协同行为是指经营者虽未明确订立书面或者口头形式的协议或者决定,但实质上存在协调一致的行为。

根据参与垄断协议的经营者之间是否具有竞争关系,一般将垄断协议分为横向垄断协议和纵向垄断协议。横向垄断协议是具有竞争关系的经营者达成的联合限制竞争协议（如生产相同产品的经营者达成的固定产品价格的协议）；纵向垄断协议是指同一产业中处于不同市场环节而具有买卖关系的企业通过共谋达成的联合限制竞争协议（如生产商与销售商之间关于限制转售价格的协议）。

(1)《反垄断法》禁止的横向垄断协议

1) 固定或者变更商品价格的协议。

2) 限制商品的生产数量或者销售数量的协议。

3) 分割销售市场或者原材料采购市场的协议。

4) 限制购买新技术、新设备或者限制开发新技术、新产品的协议。

5) 联合抵制交易。

(2)《反垄断法》禁止的纵向垄断协议

1) 固定向第三人转售商品的价格。

2) 限定向第三人转售商品的最低价格。

3. 滥用市场支配地位

市场支配地位是指经营者在相关市场内具有能够控制商品价格、数量或者其他交易条件，或者能够阻碍、影响其他经营者进入相关市场能力的市场地位。其他交易条件，是指除商品价格、数量之外能够对市场交易产生实质影响的其他因素，包括商品品质、付款条件、交付方式以及售后服务等。

滥用市场支配地位行为可分为两个基本类型，即排他性滥用和剥削性滥用。排他性滥用是指寻求损害竞争者的竞争地位，或者从根本上将他们排除出市场的行为，主要表现形式包括掠夺性定价、搭售、价格歧视和拒绝交易等。剥削性滥用是指具有市场支配地位的经营者凭借其市场支配地位对交易对方进行剥削的行为，实践中主要表现为不公平定价行为。

第十节 涉外经济法律制度

1. 涉外投资法律制度

(1) 外商投资项目的核准与备案 外商投资项目管理分为核准和备案两种

方式。

实行核准制的外商投资项目为：

1）鼓励类。《外商投资产业指导目录》中有中方控股（含相对控股）要求的总投资（含增资）不足 10 亿美元的鼓励类项目，由地方政府核准；总投资（含增资）10 亿美元及以上的鼓励类项目，由国务院投资主管部门核准，其中总投资（含增资）20 亿美元及以上项目报国务院备案。

2）限制类。《外商投资产业指导目录》限制类中的房地产项目和总投资（含增资）不足 1 亿美元的其他限制类项目，由省级政府核准；总投资（含增资）1 亿美元及以上限制类（不含房地产）项目，由国务院投资主管部门核准，其中总投资（含增资）20 亿美元及以上项目报国务院备案。

(2) 外商投资企业的出资方式

1）外商投资企业的投资者可以用现金出资，也可以用建筑物、厂房、机器设备或者其他物料、工业产权、专有技术、场地使用权等作价出资。

2）经审批机关批准，外国投资者可以用其从中国境内举办的其他外商投资企业获得的人民币利润出资。

3）境外投资者可以进行跨境人民币直接投资，即以合法获得的境外人民币来华开展新设企业、增资、参股、并购境内企业等外商直接投资活动。外商投资企业不得使用跨境人民币直接投资的资金在中国境内直接或者间接投资于有价证券和金融衍生品（战略投资上市公司除外），以及用于委托贷款。

(3) 外国投资者以股权作为支付手段并购境内公司　外国投资者以股权作为支付手段并购境内公司，是指境外公司的股东以其持有的境外公司股权，或者境外公司以其增发的股份，作为支付手段，购买境内公司股东的股权或者境内公司增发股份的行为。该境外公司应合法设立并且其注册地具有完善的公司法律制度，且公司及其管理层最近 3 年未受到监管机构的处罚。

2. 外汇管理法律制度

外汇包括外币现钞（包括纸币和铸币）、外币支付凭证或者支付工具（包括票据、银行存款凭证、银行卡）、外币有价证券（包括股票、债券）、特别提款权及其他外汇资产。

(1)《中华人民共和国外汇管理条例》的适用范围　境内机构和境内个人的外汇收支或者外汇经营活动，不论其发生在境内或者境外，均适用该条例。境外机构和境外个人，仅对其发生在中国境内的外汇收支和外汇经营活动，适用该条例。

境内机构是指境内的国家机关、企业、事业单位、社会团体和部队等，外国驻华外交领事机构和国际组织驻华代表机构除外。

境内个人是指中国公民和在中国境内连续居住满一年的外国人，外国驻华外交人员和国际组织驻华代表除外。

(2)经常项目　经常项目包括贸易收支、服务收支、收益（包括职工报酬和股息、红利等投资收益）和经常转移（单方面转移，如个人之间的无偿赠与或者政府之间的军事及经济援助、赠与、赔款等）。

(3)资本项目　资本项目包括资本转移、直接投资、证券投资、衍生产品投资、贷款以及非生产、非金融资产的收买或者放弃等。

第六章
税　法

　　税法是各种税收法规的总称，是税收机关征税和纳税人据以纳税的法律依据。税法由国家立法机关制定颁布，或由国家立法机关授权国家机关制定公布。税法是国家取得财政收入的重要保证，是正确处理税收分配关系的法律依据，是国家宏观调控经济的重要手段，是监督管理的有力武器，是维护国家权益的重要手段。改革开放后我国法治建设逐步加强，税收法治也逐步开启并取得了积极的成效，税收基本上有制可循，税收法律化逐步推进[8]。

第一节　税法总论

1. 税法概念

（1）税收　税收是政府为了满足社会公共需要，凭借政治权力，强制、无偿地取得财政收入的一种形式。其具体特征如下：

1）税收是国家取得财政收入的一种重要工具，其本质是一种分配关系。

2）国家征税的依据是政治权力，它有别于按生产要素进行的分配。

3）国家课征税款的目的是满足社会公共需要。

（2）税法　税法是国家制定的用以调整国家与纳税人之间在征纳税方面的权利及义务关系的法律规范的总称。

　　税法体现为法律这一规范形式，是税收制度的核心内容。税法具有义务性法规和综合性法规的特点。

2. 税法原则

税法的原则是反映税收活动的根本属性,是税收法律制度建立的基础。税法原则包括税法基本原则(四项)和税法适用原则(六项)。

四项基本原则:税收法定原则、税收公平原则、税收效率原则和实质课税原则,其中,税收法定原则是核心。

六项适用原则:法律优位原则、法律不溯及既往原则、新法优于旧法原则、特别法优于普通法原则、实体从旧程序从新原则和程序优于实体原则。

第二节 增值税法

增值税是以商品和劳务在流转过程中产生的增值额作为征税对象而征收的一种流转税。

1. 征税范围与纳税义务人

(1) 征税范围 2016年5月1日全面实施营业税改征增值税(以下简称"营改增")之后,增值税征税范围包括:销售或者进口的货物、销售劳务、销售服务、销售无形资产以及销售不动产。

(2) 纳税义务人和扣缴义务人 在中华人民共和国境内销售或进口货物、提供应税劳务和销售服务、无形资产和不动产的单位和个人,为增值税的纳税人。所称单位,是指企业、行政单位、事业单位、军事单位、社会团体及其他单位。所称个人,是指个体工商户和其他个人。

以承包、承租、挂靠方式经营的,承包人、承租人、挂靠人(以下统称承包人)以发包人、出租人、被挂靠人(以下统称发包人)名义对外经营并由发包人承担相关法律责任的,以该发包人为纳税人;否则以承包人为纳税人。

中华人民共和国境外的单位或者个人在境内销售劳务,在境内未设有经营机构的,以其境内代理人为扣缴义务人;在境内没有代理人的,以购买方为扣缴义务人。

2. 税率与征收率

我国增值税税率不断变化，目前有4档税率和2档征收率。

（1）增值税的税率

1）13%基本税率（2019年4月1日之后）适用范围：纳税人销售或者进口货物（除适用低税率和零税率的外）；纳税人提供加工、修理修配劳务（以下称应税劳务）；有形动产租赁服务。

2）10%低税率（2019年4月1日之后为9%）适用范围：货物类；服务、无形资产、不动产类。

3）6%低税率适用范围：现代服务（租赁服务除外）；增值电信服务；金融服务；生活服务；销售无形资产（含转让补充耕地指标，不含转让土地使用权）。

4）零税率适用范围。

① 纳税人出口货物，税率为零，但是，国务院另有规定的除外。

② 境内单位和个人跨境销售国务院规定范围内的服务、无形资产，税率为零。主要包括国际运输服务，航天运输服务，向境外单位提供的完全在境外消费的下列服务：研发服务、合同能源管理服务、设计服务、广播影视节目（作品）制作和发行服务、软件服务、电路设计及测试服务、信息系统服务、业务流程管理服务、离岸服务外包业务和转让技术。

③ 其他零税率政策：按照国家有关规定取得相关资质的国际运输服务项目，纳税人取得相关资质的适用零税率政策，未取得的，适用增值税免税政策；境内单位和个人以无运输工具承运方式提供的国际运输服务，由境内实际承运人适用增值税零税率；无运输工具承运业务的经营者适用增值税免税政策。

（2）增值税征收率 全面实施"营改增"之前，增值税法定征收率为3%；全面"营改增"后增加了5%的征收率，即增值税征收率为3%和5%两种。

3. 增值税的计税方法

（1）一般计税方法 适用主体：一般纳税人。计算公式为

当期应纳增值税税额 = 当期销项税额 − 当期进项税额

= 当期销售额（不含增值税）× 适用税率 −

当期进项税额

（2）简易计税方法　适用主体：小规模纳税人和一般纳税人的特定情形。计算公式为

当期应纳增值税税额 = 当期销售额（不含增值税）× 征收率

（3）扣缴计税方法　适用主体：扣缴义务人。境外单位或者个人在境内销售劳务，在境内未设有经营机构的，以其境内代理人为扣缴义务人；在境内没有代理人的，以购买方为扣缴义务人。

扣缴义务人按照规定公式和适用税率计算应扣缴税额

应扣缴税额 = 接受方支付的价款 /（1 + 税率）× 税率

4. 一般计税方法应纳税额的计算

（1）销项税额的计算　纳税人发生应税销售行为时，按照销售额与规定的税率计算并向购买方收取的增值税税额，为销项税额。

具体计算公式如下

销项税额 = 销售额 × 税率

（2）进项税额的确认和计算　进项税额是指纳税人购进货物、劳务、服务、无形资产或者不动产所支付或者负担的增值税税额。

进项税额 =（外购原料、燃料、动力）× 税率

增值税一般纳税人应当在"应交税费"科目下设置"应交增值税""未交增值税""预交增值税""待抵扣进项税额""待认证进项税额""待转销项税额""增值税留抵税额""简易计税""转让金融商品应交增值税""代扣代交增值税"等明细科目。

在"应交增值税"明细账内设置"进项税额""销项税额抵减""已交税金""转出未交增值税""减免税款""出口抵减内销产品应纳税额""销项税额""出口退税""进项税额转出""转出多交增值税"等专栏。

（3）增值税一般计税方法应纳税额的计算

应纳税额 = 当期销项税额 - 当期进项税额

5. 简易征税方法应纳税额的计算

简易计税方法的应纳税额是指按照销售额和增值税征收率计算的增值税税额，不得抵扣进项税额，应纳税额计算公式

$$应纳税额 = 销售额 \times 征收率$$

简易计税方法的销售额不包括其应纳税额，纳税人采用销售额和应纳税额合并定价方法的，按照下列公式计算销售额

$$销售额 = 含税销售额 / (1 + 征收率)$$

6. 进口环节增值税的征收

1）根据《中华人民共和国增值税暂行条例》的规定，申报进入中华人民共和国海关境内的货物，均应缴纳增值税。

自2018年6月1日起，对申报进口监管方式为1500（租赁不满一年）、1523（租赁贸易）、9800（租赁征税）的租赁飞机（税则品目：8802），海关停止代征进口环节增值税。进口租赁飞机增值税的征收管理，由税务机关按照现行增值税政策组织实施。

根据《中华人民共和国增值税暂行条例》规定，进口货物使用组成计税价格计算应纳增值税，组价公式中包含关税完税价格、关税税额和消费税税额。进口货物应纳税额的计算公式为

$$组成计税价格 = 关税完税价格 + 关税 + 消费税$$
$$应纳税额 = 组成计税价格 \times 税率$$

2）跨境电子商务零售进口商品按照货物征收关税和进口环节增值税、消费税，以实际交易价格（包括货物零售价格、运费和保险费）作为完税价格。

对跨境电子商务零售进口商品的单次交易限值为5 000元，个人年度交易限值为26 000元以内进口的跨境电子商务零售进口商品，关税税率暂设为0%。

限值内跨境电子商务零售进口商品的进口环节增值税、消费税暂按法定应纳税额的70%征收。完税价格超过5 000元单次交易限值但低于26 000元年度交易限值，且订单下仅一件商品时，可以自跨境电商零售渠道进口，按照货物税率全额征收关税和进口增值税、消费税。

第三节 消费税法

消费税是对消费品和特定的消费行为按流转额征收的一种商品税。

在中华人民共和国境内生产、委托加工和进口应税消费品的单位和个人，以及国务院确定的销售《消费税暂行条例》规定的应税消费品的其他单位和个人，为消费税的纳税义务人。

1. 计税依据

消费税实行从价定率、从量定额，或者从价定率和从量定额复合计税（以下简称复合计税）的办法计算应纳税额，计税依据包括销售额和销售数量。

（1）从价计征

1）销售额是纳税人销售应税消费品向购买方收取的全部价款和价外费用，包括消费税但不包括增值税。

2）价外费用是指价外收取的基金、集资费、返还利润、补贴、违约金（延期付款利息）和手续费、包装费、包装物租金、储备费、优质费、运输装卸费、代收款项、代垫款项以及其他各种性质的价外收费。但承运部门的运费发票开具给购货方的，纳税人将该项发票转交给购货方的代垫运费不包括在内。同时符合条件的代为收取的政府性基金或行政事业收费也不包括在销售额内。

计算消费税的销售额中如含有增值税税金时，应换算为不含增值税的销售额。换算公式为

$$\text{应税消费品的销售额} = \text{含增值税的销售额} / \left(1 + \text{增值税的税率或征收率}\right)$$

（2）从量计征

1）销售应税消费品的，为应税消费品的销售数量。

2）自产自用应税消费品的，为应税消费品的移送使用数量。

3）委托加工应税消费品的，为纳税人收回的应税消费品数量。

4）进口的应税消费品的，为海关核定的应税消费品进口征税数量。

（3）从价从量复合计征　只有卷烟、白酒采用复合计税的方法，计算公式为

应纳税额 = 应税销售数量 × 定额税率 + 应税销售额 × 比例税率

1）卷烟：生产、委托加工和进口环节，卷烟的从量计税部分是以每支 0.003 元为单位税额；批发环节，卷烟的从量计税部分是以每支 0.005 元为单位税额。

2）白酒从量计税部分是以每 500 克或 500 毫升 0.5 元为规定的单位税额。

2. 应纳税额的计算

（1）自产自用应纳消费税的计算

1）纳税人自产自用的应税消费品，用于连续生产应税消费品的，不纳税；用于其他方面的，于移送使用时纳税。

2）纳税人自产自用的应税消费品，凡用于生产非应税消费品、在建工程、管理部门、非生产机构、提供劳务、馈赠、赞助、集资、广告、样品、职工福利和奖励等方面的，应当纳税。具体分以下两种情况：

① 有同类消费品的销售价格的，按照纳税人生产的同类消费品的销售价格计算纳税。

应纳税额 = 同类消费品销售单价 × 自产自用数量 × 适用税率

② 自产自用应税消费品没有同类消费品销售价格的，按照组成计税价格计算纳税。

实行从价定率办法计算纳税的组成计税价格计算公式

组成计税价格 = (成本 + 利润)/(1 - 比例税率)
= 成本 × (1 + 成本利润率)/(1 - 比例税率)

实行复合计税办法计算纳税的组成计税价格计算公式

组成计税价格 = (成本 + 利润 + 自产自用数量 × 定额税率)/(1 - 比例税率)
= [成本 × (1 + 成本利润率) + 自产自用数量 × 定额税率]/
(1 - 比例税率)

（2）委托加工应税消费品应纳税额的计算

1）符合委托加工条件的应税消费品的加工，消费税的纳税人是委托方；不符合委托加工条件的应税消费品的加工，要看作受托方销售自制消费品，消费税的纳税人是受托方。

2）委托加工的应税消费品，按照受托方的同类消费品的销售价格计算纳税；没有同类消费品销售价格的，按照组成计税价格计算纳税。

① 实行从价定率办法计算纳税的组成计税价格计算公式

$$组成计税价格 = (材料成本 + 加工费) / (1 - 比例税率)$$

② 实行复合计税办法计算纳税的组成计税价格计算公式

$$组成计税价格 = (材料成本 + 加工费 + 委托加工数量 \times 定额税率) / (1 - 比例税率)$$

如果委托加工的应税消费品提货时受托方没有代收代缴消费税，委托方要补交税款。委托方补交税款的依据是：已经直接销售的，按销售额（或销售量）计税；收回的应税消费品尚未销售或用于连续生产的，按下列组成计税价格计税补交

$$组成计税价格 = (材料成本 + 加工费) / (1 - 消费税税率)$$
$$= (材料成本 + 加工费 + 委托加工数量 \times 定额税率) / (1 - 比例税率)$$

3. 征收管理

（1）纳税义务发生时间

1）纳税人销售的应税消费品，其纳税义务发生时间为：

① 纳税人采取赊销和分期收款结算方式的，其纳税义务的发生时间为书面合同规定的收款日期的当天。书面合同没有约定收款日期或者无书面合同的，为发出应税消费品的当天。

② 纳税人采取预收货款结算方式的，其纳税义务的发生时间，为发出应税消费品的当天。

③ 纳税人采取托收承付和委托银行收款方式销售的应税消费品，其纳税义务的发生时间，为发出应税消费品并办妥托收手续的当天。

④ 纳税人采取其他结算方式的，其纳税义务的发生时间，为收讫销售款或者取得索取销售款凭据的当天。

2）纳税人自产自用的应税消费品，其纳税义务的发生时间为移送使用的当天。

3）纳税人委托加工的应税消费品，其纳税义务的发生时间为纳税人提货的当天。

4）纳税人进口的应税消费品，其纳税义务的发生时间为报关进口的当天。

（2）纳税期限

1）消费税的纳税期限分别为1日、3日、5日、10日、15日、1个月或者1个季度。纳税人的具体纳税期限由主管税务机关根据纳税人应纳税额的大小分别核定；不能按照固定期限纳税的，可以按次纳税。

2）纳税人以1个月或者1个季度为1个纳税期的，自期满之日起15日内申报纳税；以1日、3日、5日、10日、15日为1个纳税期的，自期满之日起5日内预缴税款，于次月1日起15日内申报纳税并结清上月应纳税款。

3）纳税人进口应税消费品，应当自海关填发海关进口消费税专用缴款书之日起15日内缴纳税款。

（3）纳税地点

1）纳税人销售的应税消费品，以及自产自用的应税消费品，除国务院财政、税务主管部门另有规定外，应当向纳税人机构所在地或者居住地的主管税务机关申报纳税。

① 纳税人到外县（市）销售或者委托外县（市）代销自产应税消费品的，于应税消费品销售后，向机构所在地或者居住地主管税务机关申报纳税。

② 纳税人的总、分支机构不在同一县（市）的，应在各自机构所在地主管税务机关申报缴纳消费税；纳税人的总机构与分支机构不在同一县（市），但在同一省（自治区、直辖市）范围内，经省（自治区、直辖市）财政厅（局）、税务局审批同意，可以由总机构汇总向总机构所在地的主管税务机关申报纳税。

2）委托加工的应税消费品，除委托个人加工以外，由受托方向机构所在地或者居住地主管税务机关解缴消费税税款。

3）进口的应税消费品，由进口人或者其代理人向报关地海关申报纳税。

4）纳税人销售的应税消费品，如因质量等原因发生退货的，其已缴纳的消费税税款可予以退还。纳税人办理退税手续时，应将开具的红字增值税发票、退税证明等资料报主管税务机关备案。主管税务机关核对无误后办理退税。

第四节　企业所得税法

1. 纳税义务人、征税对象与税率

（1）纳税义务人　在中华人民共和国境内的企业和其他取得收入的组织（以下统称企业）为企业所得税的纳税人。个人独资企业、合伙企业不是企业所得税的纳税人。

缴纳企业所得税的企业分为居民企业和非居民企业，分别承担不同的纳税责任。

居民企业是指依法在中国境内成立，或者依照外国（地区）法律成立但实际管理机构在中国境内的企业。

非居民企业是指依照外国（地区）法律成立且实际管理机构不在中国境内，但在中国境内设立机构、场所的，或者在中国境内未设立机构、场所，但有来源于中国境内所得的企业。

（2）征税对象　企业所得税的征税对象，从内容上看，包括生产经营所得、其他所得和清算所得，从空间范围上看，包括来源于中国境内、境外的所得。

1）居民企业的征税对象：来源于中国境内、境外的所得。

2）非居民企业的征税对象：对于在境内设立机构场所的非居民企业，应当就其来源于境内，以及发生在境外但与境内所设机构、场所有实际联系的所得缴纳企业所得税；非居民企业在中国境内未设立机构、场所的，或者虽设立机构、场所但取得的所得与其所设机构、场所没有实际联系的，应当就其来源于中国境内的所得缴纳企业所得税。

3）所得来源的确定。

① 销售货物所得，按照交易活动发生地确定。

② 提供劳务所得，按照劳务发生地确定。

③ 不动产转让所得按照不动产所在地确定，动产转让所得按照转让动产的企业或者机构、场所所在地确定，权益性投资资产转让所得按照被投资企业所在地确定。

④ 股息、红利等权益性投资所得，按照分配所得的企业所在地确定。

⑤ 利息所得、租金所得、特许权使用费所得，按照负担、支付所得的企业或者机构、场所所在地确定，或者按照负担、支付所得的个人的住所地确定。

⑥ 其他所得，由国务院财政、税务主管部门确定。

（3）税率　企业所得税的纳税人不同，适用的税率也不同，见表6-1。

表6-1　不同企业所得税纳税人适用的税率

纳 税 人		税收管辖权	征 税 对 象	税　率
居民企业		居民管辖权，就其世界范围所得征税	居民企业、非居民企业在华机构的生产经营所得和其他所得	基本税率25%
非居民企业	在我国境内设立机构场所	取得所得与设立机构场所有联系的	地域管辖权，就其来源于我国的所得和发生在中国境外但与其境内所设机构、场所有实际联系的所得征税	
		取得所得与设立机构场所没有实际联系的	地域管辖权，仅就其来自我国的所得征税	来源于我国的所得	低税率20%（实际减按10%征收）
	未在我国境内设立机构、场所，却有来源于我国境内的所得			

2. 应纳税所得额

应纳税所得额是企业每一个纳税年度的收入总额，减除不征税收入、免税收入、各项扣除以及允许弥补的以前年度亏损后的余额。

直接计算法的应纳税所得额计算公式

应纳税所得额 = 收入总额 − 不征税收入 − 免税收入 − 各项扣除金额 − 允许弥补的以前年度亏损

间接计算法的应纳税所得额计算公式

应纳税所得额 = 会计利润总额 ± 纳税调整项目金额

（1）收入总额　企业以货币形式和非货币形式从各种来源取得的收入，为收入总额。

1）货币形式的收入包括现金、存款、应收账款、应收票据、准备持有至到期的债券投资和债务的豁免等。

2）非货币形式的收入包括固定资产、生物资产、无形资产、股权投资、存货、不准备持有至到期的债券投资、劳务以及有关权益等。企业以非货币形式取得的收入，应当按照公允价值确定收入额，即按照市场价格确定的价值。

（2）不征税收入和免税收入

1）不征税收入有以下四种：财政拨款（针对事业单位和社团），依法收取并纳入财政管理的行政事业性收费、政府性基金（实施公共管理过程中向特定对象收取并纳入财政管理的费用），国务院规定的其他不征税收入（针对企业），专项用途财政性资金。

2）免税收入包括国债利息收入，符合条件的居民企业之间的股息、红利等权益性投资收益，在中国境内设立机构、场所的非居民企业从居民企业取得与该机构、场所有实际联系的股息、红利等权益性投资收益。

（3）扣除原则和范围

1）税前扣除项目的原则包括权责发生制原则、配比原则、相关性原则、确定性原则和合理性原则。

2）企业实际发生的与取得收入有关的、合理的支出，包括成本、费用、税金、损失和其他支出，准予在计算应纳税所得额时扣除。

（4）不得扣除项目　计算应纳税所得额时不得扣除的项目如下：

1）向投资者支付的股息、红利等权益性投资收益款项。

2）企业所得税税款。

3）税收滞纳金。

4）罚金、罚款和被没收财物的损失。

5）不符合税法规定的捐赠支出（含非公益性捐赠、超过规定标准的公益性捐赠）。

6）赞助支出（指企业发生的与生产经营活动无关的各种非广告性质的赞助支出）。

7）未经核定的准备金支出（指不符合国务院财政、税务主管部门规定的各项资产减值准备、风险准备等准备金）。

8）企业之间支付的管理费、企业内营业机构之间支付的租金和特许权使用费，以及非银行企业内营业机构之间支付的利息。

9）与取得收入无关的其他支出。

（5）亏损弥补　企业某一纳税年度发生的亏损，可以用下一年度的所得弥补，下一年度的所得不足以弥补的，可以逐年延续弥补，但结转年限最长不得超过5年。

自2018年1月1日起，当年具备高新技术企业或科技型中小企业资格的企业，其具备资格年度之前5个年度发生的尚未弥补完的亏损（是指当年具备资格的企业，其前5个年度无论是否具备资格，所发生的尚未弥补完的亏损），准予结转以后年度弥补，最长结转年限由5年延长至10年。

3. 征收管理

（1）纳税地点

1）居民企业纳税地点：除税收法律、行政法规另有规定外，居民企业以企业登记注册地为纳税地点；但登记注册地在境外的，以实际管理机构所在地为纳税地点。

2）非居民企业纳税地点：机构、场所所在地；扣缴义务人所在地。

（2）纳税期限

1）企业所得税按年计征，分月或者分季预缴，年终汇算清缴，多退少补。

2）企业所得税的纳税年度采用公历年制（自公历1月1日起至12月31日止），企业在一个纳税年度中间开业，或者由于合并、关闭等原因终止经营活动，使该纳税年度的实际经营期不足12个月的，应当以其实际经营期为一个纳税年度。企业清算时，应当以清算期为一个纳税年度。

3）企业应当自年度终了之日起5个月内，向税务机关报送年度企业所得税纳税申报表，并汇算清缴，结清应缴应退税款。

4）企业在年度中间终止经营活动的，应当自实际经营终止之日起60日内，向税务机关办理当期企业所得税汇算清缴。

（3）纳税申报　企业应当自月份或者季度终了之日起15日内，向税务机关报送预缴企业所得税纳税申报表，预缴税款。企业在报送企业所得税纳税申报表时，应当按照规定附送财务会计报告和其他有关资料。

第五节　个人所得税法

1. 纳税义务人

个人所得税的纳税人不仅涉及中国公民，也涉及在中国境内取得所得的外籍人员（包括无国籍人员），还涉及个体户、个人独资企业和合伙企业的个人投资者。

个人所得税的纳税人按照国际通用的做法，依据住所和居住时间两个标准，区分为居民个人和非居民个人，分别承担不同的纳税义务：居民个人——就其从中国境内和境外取得的所得缴纳个人所得税；非居民个人——就其从中国境内取得的所得缴纳个人所得税。

2. 征税范围

（1）工资、薪金所得　工资、薪金所得是指个人因任职或者受雇而取得的工资、薪金、奖金、年终加薪、劳动分红、津贴、补贴以及与任职或者受雇有关的其他所得。

奖金是指所有具有工资性质的奖金，免税奖金的范围在税法中另有规定。

（2）劳务报酬所得　劳务报酬所得是指个人独立从事各种非雇用的劳务取得的所得，包括设计、装潢、安装、制图、化验、测试、医疗、法律、会计、咨询、讲学、翻译、审稿、书画、雕刻、影视、录音、录像、演出、表演、广告、展览、技术服务、介绍服务、经纪服务、代办服务以及其他劳务。

（3）稿酬所得　个人因其作品以图书、报刊形式出版、发表而取得的所得。作者去世后，财产继承人取得的遗作稿酬，亦应按此项目征收个人所得税。

（4）特许权使用费所得　特许权使用费所得，指个人提供专利权、商标权、著作权、非专利技术以及其他特许权的使用权取得的所得；提供著作权的使用权取得的所得，不包括稿酬所得。

（5）利息、股息、红利所得　利息、股息、红利所得是指个人拥有债权、股权而取得的利息、股息、红利所得。

个人股东获得转增的股本,应按照"利息、股息、红利所得"项目,适用20%的税率征收个人所得税。

(6)财产租赁所得 财产租赁所得是指个人出租不动产、机器设备、车船以及其他财产取得的所得。

1)个人取得的财产转租收入,属于"财产租赁所得"的征税范围。

2)产权所有人死亡,在未办理产权继承手续期间,该财产出租且有租金收入的,以领取租金的个人为纳税义务人。

(7)财产转让所得 财产转让所得是指个人转让有价证券、股权、合伙企业中的财产份额、不动产、机器设备、车船以及其他财产取得的所得。

(8)偶然所得 偶然所得是指个人得奖、中奖、中彩以及其他偶然性质的所得。

1)企业对累积消费达到一定额度的顾客,给予额外抽奖机会,个人的获奖所得,应按"偶然所得"项目计征个人所得税。偶然所得应缴纳的个人所得税税款,一律由发奖单位或机构代扣代缴。

2)个人取得的企业向个人支付的不竞争款项,应按照偶然所得计算缴纳个人所得税。

(9)经营所得 经营所得包括四个方面:

1)个体工商户从事生产、经营活动取得的所得,个人独资企业投资人、合伙企业的个人合伙人来源于境内注册的个人独资企业、合伙企业生产、经营的所得。个体工商户以业主为个人所得税纳税义务人。

2)个人依法从事办学、医疗、咨询以及其他有偿服务活动取得的所得。

3)个人对企业、事业单位承包经营、承租经营以及转包、转租取得的所得。

4)个人从事其他生产、经营活动取得的所得。例如:个人因从事彩票代销业务而取得的所得;从事个体出租车运营的出租车驾驶员取得的收入。

3. 税率

(1)综合所得适用税率(见表6-2)

(2)经营所得适用税率(见表6-3)

表 6-2 综合所得个人所得税税率（居民个人适用）

级 数	全年应纳税所得额/元	税率（%）	速算扣除数/元
1	不超过 36 000 的	3	0
2	超过 36 000 ~ 144 000 的部分	10	2 520
3	超过 144 000 ~ 300 000 的部分	20	16 920
4	超过 300 000 ~ 420 000 的部分	25	31 920
5	超过 420 000 ~ 660 000 的部分	30	52 920
6	超过 660 000 ~ 960 000 的部分	35	85 920
7	超过 960 000 的部分	45	181 920

表 6-3 经营所得个人所得税税率

级 数	全年应纳税所得额/元	税率（%）	速算扣除数/元
1	不超过 30 000 的	5	0
2	超过 30 000 ~ 90 000 的部分	10	1 500
3	超过 90 000 ~ 300 000 的部分	20	10 500
4	超过 300 000 ~ 500 000 元的部分	30	40 500
5	超过 500 000 元的部分	35	65 500

（3）其他所得适用税率　利息、股息、红利所得，财产租赁所得，财产转让所得和偶然所得，适用 20% 的比例税率。

4. 应纳税所得额的确定

《中华人民共和国个人所得税法》对纳税义务人的征税方法有三种：

1）按年计征，如经营所得，居民个人取得的综合所得。

2）按月计征，如非居民个人取得的工资、薪金所得。

3）按次计征，如利息、股息、红利所得，财产租赁所得，偶然所得和非居民个人取得的劳务报酬所得，稿酬所得，特许权使用费所得等 6 项所得。

第六节　城市维护建设税法和烟叶税法

1. 城市维护建设税法

城市维护建设税（简称城建税）是对从事工商经营，缴纳增值税、消费税的单位和个人征收的一种税。

与其他税种相比较，城建税具有以下特点：

1）税款专款专用，保证用于城市公用事业和公共设施的维护和建设。

2）属于一种附加税，其本身没有特定的课税对象，其征管方法也完全比照增值税、消费税的有关规定办理。

3）根据城镇规模设计不同的比例税率。按照纳税人所在地的不同，城建税分设7%、5%、1%三档税率。

（1）纳税义务人　城建税的纳税人是指负有缴纳增值税、消费税义务的单位和个人。增值税、消费税的代扣代缴、代收代缴义务人同时也是城建税的扣缴义务人。

（2）税率　城建税采用地区差别比例税率：

1）纳税人所在地为市区的，税率为7%。

2）纳税人所在地为县城、镇的，税率为5%。

3）纳税人所在地不在市区、县城或镇的，税率为1%；开采海洋石油资源的中外合作油（气）田所在地在海上，其城建税适用1%的税率。

4）代收代扣城建税：缴纳增值税、消费税所在地的规定税率（代收代扣方所在地适用税率）；流动经营等无固定纳税地点：缴纳增值税、消费税所在地的规定税率（经营地适用税率）。

（3）计税依据

1）城建税计税依据的包含因素：纳税人向税务机关实际缴纳的增值税、消费税；纳税人被税务机关查补的增值税、消费税；纳税人出口货物免抵的增值税。

2）城建税计税依据的不包含因素：纳税人进口环节被海关代征的增值税、

消费税；除增值税、消费税以外的其他税；非税款项（纳税人违反"两税"有关规定而被加收的滞纳金和罚款等）。

(4) 应纳税额的计算

应纳税额 = 纳税人实际缴纳的增值税、消费税税额 × 适用税率

(5) 税收优惠

1) 城建税随同增值税、消费税的减免而减免。

2) 对于因减免税而需进行增值税、消费税退库的，城建税也同时退库。但是对出口产品退还增值税、消费税的，不退还已缴纳的城建税；对增值税、消费税实行先征后返、先征后退、即征即退办法的，除另有规定外，对随增值税、消费税附征的城建税和教育费附加，一律不予退（返）还。

3) 海关对进口产品代征的增值税、消费税，不征收城建税。

4) 为支持国家重大水利工程建设，对国家重大水利工程建设基金免征城市维护建设税。

5) 对实行增值税期末留抵退税的纳税人，允许其从城建税、教育费附加和地方教育附加的计税（征）依据中扣除退还的增值税税额。

(6) 纳税环节、纳税地点和纳税期限

1) 纳税环节：纳税人实际缴纳增值税、消费税的环节。

2) 纳税地点：纳税人缴纳增值税、消费税的地点，就是该纳税人缴纳城建税的地点。

① 代收代扣。由受托方代收代扣增值税、消费税的，代收代扣城建税按照受托方所在地的规定税率（代收代扣方所在地适用税率），在代收代扣方所在地缴纳城建税。

② 异地预缴。纳税人跨地区提供建筑服务、销售和出租不动产的，应在建筑服务发生地、不动产所在地预缴增值税时，以预缴增值税税额为计税依据，并按预缴增值税所在地的城建税适用税率和教育费附加征收率就地计算缴纳城建税和教育费附加。

预缴增值税的纳税人在其机构所在地申报缴纳增值税时，以其实际缴纳的增值税税额为计税依据，并按机构所在地的城建税适用税率和教育费附加征收率就地计算缴纳城建税和教育费附加。

③ 流动经营。对流动经营等无固定纳税地点的单位和个人，应随同增值税、消费税在经营地按适用税率缴纳城建税。

3）纳税期限：城建税的纳税期限分别与增值税、消费税的纳税期限一致。具体纳税期限由主管税务机关根据纳税人增值税、消费税应纳税额的大小分别核定；不能按照固定期限纳税的，可以按次纳税。

2. 烟叶税法

（1）纳税义务人、征税范围与税率

1）2018年7月1日之后，在中华人民共和国境内，依照《中华人民共和国烟草专卖法》的规定收购烟叶的单位为烟叶税的纳税人。

2）征税范围：晾晒烟叶、烤烟叶。

3）烟叶税实行比例税率，税率为20%。

（2）应纳税额的计算　烟叶税的应纳税额按照纳税人收购烟叶实际支付的价款总额和规定的税率计算。纳税人收购烟叶实际支付的价款总额包括纳税人支付给烟叶生产销售单位和个人的烟叶收购价款和价外补贴。其中，价外补贴统一按烟叶收购价款的10%计算。

（3）征收管理

1）纳税人应当向烟叶收购地的主管税务机关申报缴纳烟叶税。

2）烟叶税的纳税义务发生时间为纳税人收购烟叶的当日。

3）《中华人民共和国烟叶税法》实施之后，烟叶税按月计征，纳税人应当于纳税义务发生月终了之日起15日内申报并缴纳税款。

4）烟叶税的征收管理，依照《中华人民共和国烟叶税法》及《中华人民共和国税收征收管理法》的有关规定执行。

3. 教育费附加和地方教育附加

教育费附加和地方教育附加是对缴纳增值税、消费税的单位和个人，就其实际缴纳的税额为计算依据征收的一种附加费。

其征收范围与税率见表6-4。

表 6-4 教育费附加和地方教育附加征收细则

要素	教育费附加	地方教育附加
征收比率（%）	3	2
开征范围	实际缴纳增值税、消费税的单位和个人	
计征依据	以实际缴纳增值税、消费税税额为依据	
缴纳期限	与增值税、消费税同时缴纳	
计算公式	应纳教育费附加 = 实际缴纳的增值税、消费税税额 ×3%	应纳地方教育附加 = 实际缴纳的增值税、消费税税额 ×2%

第七节 关税法和船舶吨税法

1. 征税对象与纳税义务人

关税是海关依法对进出境货物、物品征收的一种税。所谓"境"是指关境，又称"海关境域""关税领域"，是国家海关法全面实施的领域。

关税的征税对象是准许进出境的货物和物品，不同征税对象对应的纳税义务人见表 6-5。

表 6-5 征税对象与对应的纳税义务人

征税对象	纳税义务人
进口货物	收货人
出口货物	发货人
进出境物品	所有人和推定所有人（携带人、收件人、寄件人或托运人等）

2. 税率

（1）进口关税税率

1) 我国进口税设有最惠国税率、协定税率、特惠税率、普通税率和关税配额税率等，对进口货物在一定期限内可实行暂定税率。

2)《中华人民共和国进出口关税条例》规定，适用最惠国税率的进口货物有暂定税率的，应当适用暂定税率。适用特惠税率、协定税率的进口货物有暂定税率的，应当从低适用税率。适用普通税率的进口货物，不适用暂定税率。

3）按征收关税的标准，可以分为从价税、从量税、复合税、选择税和滑准税。

（2）出口关税税率　我国现行税则对 100 余种商品征收出口关税；对部分商品可实行暂定税率（200 余种）。

（3）特别关税　特别关税包括报复性关税、反倾销税与反补贴税、保障性关税。

（4）关税税率的运用

1）进出口货物，应当适用海关接受该货物申报进口或者出口之日实施的税率。

2）不同进出口方式下，税率的具体运用有不同的规定（见表6-6）。

表6-6　特殊进出口方式的货物或违规货物的税率规定

具体情况	适用税率
进口货物到达之前，经海关核准先行申报的	装载此货物的运输工具申报进境之日实施的税率
进口转关运输货物	指运地海关接受该货物申报进口之日实施的税率；货物运抵指运地前，经海关核准先行申报的，应当适用装载该货物的运输工具抵达指运地之日实施的税率
出口转关运输货物	启运地海关接受该货物申报出口之日实施的税率
经海关批准，实行集中申报的进出口货物	每次货物进出口时海关接受货物申报之日实施的税率
因超过规定期限未申报而由海关依法变卖的进口货物	装载该货物的运输工具申报进境之日实施的税率
因纳税义务人违反规定需要追征税款的进出口货物	违反规定的行为发生之日实施的税率；行为发生之日不能确定的，适用海关发现该行为之日实施的税率

3）保税、减免税等货物的补税规定。已申报进境并放行的保税货物、减免税货物、租赁货物或者已申报进出境并放行的暂时进出境货物，有下列情形之一需缴纳税款的，应当适用海关接受纳税义务人再次填写报关单申报办理纳税及有关手续之日实施的税率：

① 保税货物经批准不复运出境的。
② 保税仓储货物转入国内市场销售的。
③ 减免税货物经批准转让或者移作他用的。
④ 可暂不缴纳税款的暂时进出境货物，经批准不复运出境或者进境的。
⑤ 租赁进口货物，分期缴纳税款的。

3. 完税价格与应纳税额的计算

（1）原产地规定　原产地的确定直接影响进口关税税率的确定，产自不同国家或地区的进口货物适用不同的关税税率。我国基本采用"全部产地生产标准""实质性加工标准"两种国际上通用的原产地标准。全部产地生产标准是指进口货物"完全在一个国家内生产或制造"，生产国或制造国即该货物的原产国。

（2）关税完税价格　关税完税价格是指货物的关税计税价格。

1）一般进口货物的完税价格。根据《中华人民共和国海关法》规定，进口货物的完税价格包括货物的货价、货物运抵我国境内输入地点起卸前的运输及其相关费用、保险费。

《中华人民共和国海关法》规定了进口货物完税价格的确定方法：

① 成交价格估价方法：进口货物的完税价格，由海关以该货物的成交价格为基础审查确定。正常情况下，进口货物以成交价格为基础进行调整，从而确定进口货物的完税价格。进口货物的成交价格是指卖方向我国境内销售该货物时买方为进口该货物向卖方实付、应付的，并且按照《中华人民共和国海关审定进出口货物完税价格办法》有关规定调整后的价款总额，包括直接支付的价款和间接支付的价款。

② 海关估价方法：进口货物成交价格不符合规定条件，或成交价格不能确定时，完税价格由海关估定。

2）出口货物的完税价格。出口货物的完税价格，由海关以该货物向境外销售的成交价格为基础审查确定，并应当包括货物运至中华人民共和国境内输出地点装载前的运输及其相关费用、保险费。但其中包含的出口关税税额，应当扣除。

（3）应纳税额的计算

1) 从价计征应纳税额

关税税额＝应税进（出）口货物数量×单位完税价格×税率

2) 从量计税应纳税额

关税税额＝应税进（出）口货物数量×单位货物税额

3) 复合计税应纳税额

$$关税税额 = \frac{应税进（出）口}{货物数量} \times \frac{单位}{货物税额} + \frac{应税进（出）口}{货物数量} \times \frac{单位}{完税价格} \times 税率$$

4) 滑准税应纳税额

关税税额＝应税进（出）口货物数量×单位完税价格×滑准税税率

(4) 跨境电子商务零售进口税收政策　按照《关于完善跨境电子商务零售进口税收政策的通知》（财关税〔2018〕49号）规定：完税价格超过5 000元单次交易限值但低于26 000元年度交易限值，且订单下仅一件商品时，可以自跨境电商零售渠道进口，按照货物税率全额征收关税和进口环节增值税、消费税，交易额计入年度交易总额，但年度交易总额超过年度交易限值的，应按一般贸易管理。

4. 减免规定

关税的减免分为法定减免、特定减免、暂时减免和临时减免。

(1) 法定减免税　法定减免是依照关税基本法规的规定，对列举的课税对象给予的减免。无须纳税人提出申请，海关可按规定直接予以减免税。海关对法定减免税货物一般不进行后续管理。

《中华人民共和国海关法》和《中华人民共和国进出口关税条例》明确规定，下列货物、物品予以减免关税：

1) 关税税额在50元以下的一票货物，可免征关税。
2) 无商业价值的广告品和货样，可免征关税。
3) 外国政府、国际组织无偿赠送的物资，可免征关税。
4) 进出境运输工具装载的途中必需的燃料、物料和饮食用品，可免征关税。
5) 在海关放行前损失的货物，可免征关税。
6) 在海关放行前遭受损坏的货物，可以根据海关认定的受损程度减征关税。

7) 我国缔结或者参加的国际条约规定减征、免征关税的货物、物品，按照规定予以减免关税。

8) 法律规定减征、免征关税的其他货物、物品。

(2) 特定减免税　特定减免税是指在法定减免税之外，国家按国际通行规则和我国实际情况，制定发布的特定或政策性减免税。包括：科教用品、残疾人专用品、慈善捐赠物资、加工贸易产品和边境贸易进口物资等的减免关税规定。

(3) 暂时免税　暂时进境或者暂时出境的下列货物，在进境或者出境时纳税义务人向海关缴纳相当于应纳税款的保证金或者提供其他担保的，可以暂不缴纳关税，并应当自进境或者出境之日起 6 个月内复运出境或者复运进境；需要延长复运出境或者复运进境期限的，纳税义务人应当根据海关总署的规定向海关办理延期手续：

1) 在展览会、交易会、会议及类似活动中展示或者使用的货物。

2) 文化、体育交流活动中使用的表演、比赛用品。

3) 进行新闻报道或者摄制电影、电视节目使用的仪器、设备及用品。

4) 开展科研、教学、医疗活动使用的仪器、设备及用品。

5) 在上述 1)~4) 所列活动中使用的交通工具及特种车辆。

6) 货样。

7) 供安装、调试、检测设备时使用的仪器、工具。

8) 盛装货物的容器。

9) 其他用于非商业目的的货物。

上述所列暂时进境货物在规定的期限内未复运出境的，或者暂时出境货物在规定的期限内未复运进境的，海关应当依法征收关税。

上述所列可以暂时免征关税范围以外的其他暂时进境货物，应当按照该货物的完税价格和其在境内滞留时间与折旧时间的比例计算征收进口关税。具体办法由海关总署规定。

5. 征收管理

(1) 关税的缴纳

1) 关税的申报时间。进口货物应自运输工具申报进境之日起 14 日内；出口货物除海关特准外,应自货物运抵海关监管区后、装货的 24 小时以前。

2)纳税人应自海关填发税款缴款书之日起 15 日内缴纳关税。

(2)关税的强制执行　关税的强制执行措施,包括加收滞纳金和强制征收。

(3)关税退还　关税退还是指海关将实际征收多于应当征收的税额(溢征关税)退还给纳税人的一种行政行为。溢征关税海关发现后应立即退还。纳税人发现的,申请退税时限为缴纳税款之日起 1 年内。

(4)关税补征和追征　关税的补征和追征是指海关在纳税义务人按海关核定的税额缴纳关税后,发现实际征收税额少于应征税额(短征关税)时,责令纳税义务人补缴所差税款的一种行政行为。补征和追征概念的差异在于导致少纳税款的责任不同,责任的不同也带来补征与追征时限的不同。

6. 船舶吨税法

(1)征税范围　自中华人民共和国境外港口进入境内港口的船舶(以下称"应税船舶"),应当缴纳船舶吨税。

(2)税率

1)优惠税率:中华人民共和国国籍的应税船舶;船籍国(地区)与中华人民共和国签订含有相互给予船舶税费最惠国待遇条款的条约或者协定的应税船舶。

2)普通税率:除了适用优惠税率的船舶之外的其他应税船舶,适用普通税率。

(3)应纳税额的计算　吨税按照船舶净吨位和吨税执照期限征收。应纳税额按照船舶净吨位乘以适用税率计算。净吨位是指由船籍国(地区)政府签发或者授权签发的船舶吨位证明书上标明的净吨位。

计算公式为

$$应纳税额 = 船舶净吨位 \times 定额税率(元/净吨)$$

应税船舶在进入港口办理入境手续时,应当向海关申报纳税领取吨税执照,或者交验吨税执照(或者申请核验吨税执照电子信息)。应税船舶在离开港口办理出境手续时,应当交验吨税执照(或者申请核验吨税执照电子信息)。

拖船按照发动机功率每千瓦折合净吨位 0.67 吨;无法提供净吨位证明文件

的游艇，按照发动机功率每千瓦折合净吨位 0.05 吨。拖船和非机动驳船分别按相同净吨位船舶税率的 50% 计征税款。

应税船舶负责人申领吨税执照时，应当向海关提供下列文件：

1）船舶国籍证书或者海事部门签发的船舶国籍证书收存证明。

2）船舶吨位证明。

（4）税收优惠

1）直接优惠。下列船舶免征吨税：

① 应纳税额在 50 元以下的船舶。

② 自境外以购买、受赠、继承等方式取得船舶所有权的初次进口到港的空载船舶。

③ 吨税执照期满后 24 小时内不上下客货的船舶。

④ 非机动船舶（不包括非机动驳船）。

⑤ 捕捞、养殖渔船。

⑥ 避难、防疫隔离、修理、改造、终止运营或者拆解，并不上下客货的船舶。

⑦ 军队、武装警察部队专用或者征用的船舶。

⑧ 警用船舶。

⑨ 依照法律规定应当予以免税的外国驻华使领馆、国际组织驻华代表机构及其有关人员的船舶。

⑩ 国务院规定的其他船舶。

上述⑤~⑨的优惠规定的船舶，应当提供海事部门、渔业船舶管理部门等部门、机构出具的具有法律效力的证明文件或者使用关系证明文件，申明免税的依据和理由。

2）延期优惠。在吨税执照期限内，应税船舶发生下列情形之一的，海关按照实际发生的天数批注延长吨税执照期限：

① 避难、防疫隔离、修理、改造，并不上下客货。

② 军队、武装警察部队征用。

（5）征收管理

1）征收机关。吨税由海关负责征收。海关征收吨税应制发缴款凭证。

2）纳税期限。

① 吨税纳税义务发生时间为应税船舶进入港口的当日。

② 应税船舶在吨税执照期满后尚未离开港口的，应当申领新的吨税执照，自上一次执照期满的次日起续缴吨税。

③ 应税船舶负责人应当自海关填发吨税缴款凭证之日起 15 日内缴清税款。未按期缴清税款的，自滞纳税款之日起至缴清税款之日止，按日加收滞纳税款 0.05% 的税款滞纳金。

3）纳税担保。应税船舶到达港口前，经海关核准先行申报并办结出入境手续的，应税船舶负责人应当向海关提供与其依法履行吨税缴纳义务相适应的担保；应税船舶到达港口后，依照规定向海关申报纳税。

第八节　资源税法和环境保护税法

1. 资源税法

资源税是对在我国领域及管辖海域从事应税矿产品开采和生产盐的单位和个人课征的一种税，属于对自然资源占用课税的范畴。

2010 年 6 月起，我国分步骤开始了原油、天然气、煤炭资源税由从量计征改为从价计征的改革；2016 年 7 月 1 日起全面推进资源税改革，对绝大部分应税产品实行从价计征方式，但对经营分散、多为现金交易且难以控管的黏土、砂石，按照便利征管原则，仍实行从量定额计征，同时在河北省开征水资源税试点工作；2017 年 12 月 1 日起在北京、天津、山西、山东、河南、四川、陕西、内蒙古自治区、宁夏回族自治区 9 个省市和自治区扩大水资源税改革试点。

（1）纳税义务人与扣缴义务人

1）纳税义务人。在中华人民共和国领域及管辖海域从事应税矿产品开采和生产盐的单位和个人，为资源税的纳税人。纳税人以应税产品投资、分配、抵债、赠与、以物易物等，视同销售，应按规定缴纳资源税。

2）扣缴义务人。收购未税矿产品的单位为资源税的扣缴义务人。

（2）税目、税率

1) 税目。资源税税目包括原油、天然气、煤炭、金属矿和其他非金属矿五大类,在 5 个税目下面又设有若干子目。具体规定见表6-7。

表6-7 资源税税目具体规定

税 目	具 体 规 定	
	包括的范围	特 别 提 示
原油	天然原油	不包括人造石油
天然气	专门开采或与原油同时开采的天然气	
煤炭	包括原煤和以未税原煤(自采原煤)加工的洗选煤	不包括已税原煤加工的洗选煤、其他煤炭制品
金属矿	包含铁矿、金矿、铜矿、铝土矿、铅锌矿、镍矿、锡矿、钨、钼、未列举名称的其他金属矿产品原矿或精矿	纳税人在开采主矿产品过程中伴采的其他应税矿产品,凡未单独规定适用税额的(注意限定条件),一律按主矿产品或视同主矿产品征收资源税
其他非金属矿	包含石墨、硅藻土、高岭土、萤石、石灰石、硫铁矿、磷矿、氯化钾、硫酸钾、井矿盐、湖盐、提取地下卤水晒制的盐、煤层(成)气、海盐、稀土以及未列举名称的其他非金属矿产品	纳税人在开采主矿产品过程中伴采的其他应税矿产品,凡未单独规定适用税额的(注意限定条件),一律按主矿产品或视同主矿产品征收资源税

2) 税率。

① 资源税采取从价定率或者从量定额的办法计征,实施"级差调节"的原则。运用资源税对因资源贮存状况、开采条件、资源优劣、地理位置等客观存在的差别而产生的资源级差收入,通过实施差别税率或差别税额标准进行调节。

② 应当分别核算不同税目应税产品的销售额或者销售数量;未分别核算或者不能准确提供不同税目应税产品的销售额或者销售数量的,从高适用税率。

(3) 计税依据 资源税的计税依据为应税产品的销售额或销售量。

1) 从价定率征收的计税依据。实行从价定率征收资源税的销售额,包括纳税人销售应税产品向购买方收取的全部价款和价外费用,不包括增值税销项税额。

2) 从量定额征收的计税依据。课税数量确定的几种基本情况见表6-8。

表 6-8 课税数量的确定

具 体 情 况	课税数量的确定
直接对外销售的应税产品	以实际销售数量为课税数量
自产自用的应税产品（包括用于非生产项目和生产非应税产品）	以视同销售的自用数量为课税数量
纳税人不能准确提供应税产品销售数量或移送使用数量	以应税产品的产量或主管税务机关确定的折算比换算成的数量为课税数量

3）视同销售的情形。应当征收资源税的视同销售的自产自用产品，包括用于非生产项目和生产非应税产品两类。视同销售具体包括以下情形：

① 纳税人以自采原矿直接加工为非应税产品的，视同原矿销售。

② 纳税人以自采原矿洗选（加工）后的精矿连续生产非应税产品的，视同精矿销售。

③ 以应税产品投资、分配、抵债、赠与、以物易物等，视同应税产品销售。

（4）应纳税额的计算

1）从价定率应纳税额的计算

$$应纳税额 = 计税销售额 \times 适用税率$$

2）从量定额应纳税额的计算

$$应纳税额 = 课税数量 \times 适用的单位税额$$

3）收购未税矿产品的扣缴义务人代扣代缴资源税应纳税额的计算

$$代扣代缴应纳税额 = 收购的未税矿产品数量 \times 适用的单位税额$$

2. 环境保护税法

环境保护税是对在中华人民共和国领域和中华人民共和国管辖的其他海域，直接向环境排放应税污染物的企业事业单位和其他生产经营者征收的一种税。

2016 年 12 月 25 日，第十二届全国人民代表大会常务委员会第二十五次会议通过了《中华人民共和国环境保护税法》，这是我国第四部经过立法机关正式立法的税收实体法。环境保护税作为费改税开征的税种，自 2018 年 1 月 1 日起施行。

作为落实生态文明建设的重要税制改革举措而推出的环境保护税,具有以下基本特点:属于调节型税种,其渊源是排污收费制度,属于综合型环境税,属于直接排放税,对大气污染物、水污染物规定了幅度定额税率,采用税务、环保部门紧密配合的征收方式,收入纳入一般预算收入,全部划归地方。

(1)纳税义务人　在中华人民共和国领域和中华人民共和国管辖的其他海域,直接向环境排放应税污染物的企业事业单位和其他生产经营者为环境保护税的纳税人,应当依法缴纳环境保护税。

(2)税目、税额　环境保护税的税目、税额,依照环境保护税法所附《环境保护税税目税额表》执行。

(3)计税依据　应税污染物的计税依据,按照下列方法确定:

1)应税大气污染物按照污染物排放量折合的污染当量数确定。

2)应税水污染物按照污染物排放量折合的污染当量数确定。

3)应税固体废物按照固体废物的排放量确定。

4)应税噪声按照超过国家规定标准的分贝数确定。

(4)应纳税额的计算

1)应税大气污染物应纳税额

$$污染当量数 = 排放量 / 污染当量值$$

$$应纳税额 = 污染当量数 \times 适用税额$$

2)应税水污染物。适用监测数据法的水污染物(包括第一类水污染物和第二类水污染物)应纳税额

$$污染当量数 = 排放量 / 污染当量值$$

$$应纳税额 = 污染当量数 \times 适用税额$$

3)应税固体废物应纳税额

$$固体废物排放量 = 当期固体废物产生量 - 当期固体废物综合利用量 - 当期固体废物贮存量 - 当期固体废物处置量$$

$$应纳税额 = 固体废物排放量 \times 具体适用税额$$

(5)征收管理

1)纳税义务发生时间为纳税人排放应税污染物的当日。纳税人应当向应税污染物排放地的税务机关申报缴纳环境保护税。

2）环境保护税按月计算，按季申报缴纳。不能按固定期限计算缴纳的，可以按次申报缴纳。

3）纳税人申报缴纳时，应当向税务机关报送所排放应税污染物的种类、数量，大气污染物、水污染物的浓度值，以及税务机关根据实际需要要求纳税人报送的其他纳税资料。

4）纳税人按季申报缴纳的，应当自季度终了之日起 15 日内，向税务机关办理纳税申报并缴纳税款。纳税人按次申报缴纳的，应当自纳税义务发生之日起 15 日内，向税务机关办理纳税申报并缴纳税款。

5）税务机关发现纳税人的纳税申报数据资料异常或者纳税人未按照规定期限办理纳税申报的，可以提请环境保护主管部门进行复核，环境保护主管部门应当自收到税务机关的数据资料之日起 15 日内向税务机关出具复核意见。税务机关应当按照环境保护主管部门复核的数据资料调整纳税人的应纳税额。

第九节　城镇土地使用税法和耕地占用税法

1. 城镇土地使用税法

城镇土地使用税是以开征区域内的国家所有和集体所有的土地为征税对象，对拥有土地使用权的单位和个人征收的一种税。

（1）纳税义务人与征税范围

1）纳税义务人是在城市、县城、建制镇、工矿区范围内使用土地的单位和个人。

2）城镇土地使用税的征税范围包括在城市、县城、建制镇和工矿区内的国家所有和集体所有的土地。

3）对建立在城市、县城、建制镇和工矿区以外的工矿企业则不需要缴纳城镇土地使用税。

（2）税率、计税依据

1）城镇土地使用税采用定额税率。

2）城镇土地使用税以纳税义务人实际占用的土地面积为计税依据。

(3) 应纳税额的计算

1) 基本计算公式

$$全年应纳税额 = 实际占用应税土地面积 \times 适用税额$$

2) 单独建造的地下建筑物的税额计算公式

$$全年应纳税额 = \frac{证书确认应税土地面积或}{地下建筑物垂直投影面积} \times 适用税额 \times 50\%$$

(4) 征收管理

1) 纳税期限：按年计算，分期缴纳。

2) 纳税义务发生时间：纳税人占用土地，一般是从次月起发生城镇土地使用税的纳税义务，只有新征用耕地是在批准征用之日起满一年时开始缴纳城镇土地使用税。

3) 纳税地点和征收机构：城镇土地使用税的纳税地点为土地所在地，由土地所在地的税务机关负责征收。城镇土地使用税的属地性强。

2. 耕地占用税法

耕地占用税是在全国范围内，对占用耕地建设建筑物、构筑物或者从事非农业建设的单位和个人，按照实际占用的耕地面积和规定税率一次性征收的税种。它属于对特定土地资源占用课税。

(1) 纳税义务人　耕地占用税的纳税人是指在中华人民共和国境内占用耕地建设建筑物、构筑物或者从事非农业建设的单位和个人。纳税义务人包括各类性质的企业、事业单位、社会团体、国家机关、军队以及其他单位，也包括个体工商户以及其他个人。

(2) 征税范围　耕地占用税的征税范围包括纳税人占用耕地建设建筑物、构筑物或者从事非农业建设的国家所有和集体所有的耕地。

(3) 税率　实行地区差别幅度定额税率。人均耕地面积越少，单位税额越高。

在人均耕地低于 0.5 亩（1 亩≈666.67 平方米）的地区、省、自治区及直辖市可以根据当地经济发展情况，适当提高耕地占用税的适用税额，但提高的部分不得超过税法规定适用税额的 50%。占用基本农田的，应当按照适用税额加按

150%征收。

（4）计税依据　耕地占用税以纳税人实际占用的耕地面积为计税依据。耕地占用税以纳税人实际占用的耕地面积为计税依据，以每平方米土地为计税单位，按照规定的适用税额标准计算应纳税额，实行一次性征收。

（5）应纳税额计算公式

$$应纳税额 = 纳税人实际占用的耕地面积 \times 适用定额税率$$

（6）征收管理

1）耕地占用税由税务机关负责征收。

2）耕地占用税的纳税义务发生时间为纳税人收到自然资源主管部门办理占用耕地手续的书面通知的当日。纳税人应当自纳税义务发生之日起30日内申报缴纳耕地占用税。

3）自然资源主管部门凭耕地占用税完税凭证或者免税凭证和其他有关文件发放建设用地批准书。

4）纳税人因建设项目施工或者地质勘查临时占用耕地，应当依照规定缴纳耕地占用税。纳税人在批准临时占用耕地期满之日起一年内依法复垦，恢复种植条件的，全额退还已经缴纳的耕地占用税。

第十节　房产税法、契税法和土地增值税法

1. 房产税法

房产税是以房屋为征税对象，按照房屋的计税余值或租金收入，向产权所有人征收的一种财产税。

（1）纳税义务人　房产税的纳税义务人是指征税范围内的房屋产权所有人。具体包括：

1）产权属于国家所有的，由经营管理单位纳税；产权属于集体和个人所有的，由集体单位和个人纳税。

2）产权出典的，由承典人纳税。

3）产权所有人、承典人不在房屋所在地，或产权未确定及租典纠纷未解决

的,由房产代管人或使用人纳税。

4) 纳税单位和个人无租使用房管部门、免税单位、纳税单位的房产,由使用人代为缴纳房产税(按照房产余值)。

(2) 征税对象与征税范围 房产税的征税对象是房产,即有屋面和围护结构(有墙或两边有柱),能够遮风避雨,可供人们在其中生产、学习、工作、娱乐、居住或储藏物资的场所。房产税的征税范围是城市、县城、建制镇和工矿区。

(3) 税率 房产税采用比例税率,有两档规定税率,另有一档优惠税率,见表6-9。

表6-9 房产税税率

税率	适用情况
1.2%的规定税率	自有房产用于生产经营
12%的规定税率	出租非居住的房产取得租金收入
4%的优惠税率	个人出租住房(不分出租后用途)

2. 契税法

契税是以在中华人民共和国境内转移土地、房屋权属为征税对象,向产权承受人征收的一种财产税。

(1) 纳税义务人和征税对象 契税的纳税义务人是指在中华人民共和国境内转移土地、房屋权属,承受产权的单位和个人。

契税的征税对象是在境内发生土地使用权、房屋所有权权属转移的土地和房屋。具体征税范围包括:国有土地使用权的出让、土地使用权转让及房屋的买卖、赠与、交换。

(2) 税率 契税实行3%~5%的幅度比例税率。

3. 土地增值税法

土地增值税是对有偿转让国有土地使用权及地上建筑物和其他附着物产权,取得增值收入的单位和个人征收的一种税。

(1) 纳税义务人和征税范围

1）土地增值税的纳税义务人是转让国有土地使用权、地上建筑物及其附着物并取得收入的单位和个人，包括内外资企业、行政事业单位、中外籍个人等。

2）土地增值税的基本征税范围包括：

① 转让国有土地使用权。

② 地上建筑物及其附着物连同国有土地使用权一并转让。

③ 存量房地产买卖。

（2）税率　土地增值税采用四级超率累进税率。本税种的累进依据为增值额与扣除项目金额之间的比率，见表6-10。

表 6-10　土地增值税税率

级　数	增值额与扣除项目金额的比率	税率(%)	速算扣除系数（%）
1	不超过50%的部分	30	0
2	超过50%~100%的部分	40	5
3	超过100%~200%的部分	50	15
4	超过200%的部分	60	35

第十一节　车辆购置税法、车船税法和印花税法

1. 车辆购置税法

车辆购置税是以在中华人民共和国境内购置规定车辆为课税对象、在特定的环节向车辆购置者征收的一种税。

车辆购置税的纳税人是指在中华人民共和国境内购置汽车、有轨电车、汽车挂车、排气量超过150mL的摩托车的单位和个人。

其中购置是指以购买、进口、自产、受赠、获奖或者其他方式取得并自用应税车辆的行为。我国车辆购置税实行统一比例税率，税率为10%。

2. 车船税法

（1）征税对象　车船税是以车船为征税对象，向车船的所有人或管理人征

收的一种税。

(2) 纳税义务人　车船税的纳税义务人是指在中华人民共和国境内的车辆、船舶的所有人或者管理人。

(3) 征税范围　车船税的征税范围包括：依法应当在车船管理部门登记的机动车辆和船舶；依法不需要在车船管理部门登记、在单位内部场所行驶或者作业的机动车辆和船舶。

(4) 税率　车船税实行定额税率。车船税计税单位包括"每辆""整备质量每吨""净吨位每吨""艇身长度每米"。

3. 印花税法

印花税是以经济活动和经济交往中，书立、领受应税凭证的行为为征税对象征收的一种税。

(1) 纳税人　印花税纳税人是指在中国境内书立、使用、领受印花税法所列举的凭证，并应依法履行纳税义务的单位和个人。

(2) 税目　印花税共13个税目，包括的10类经济合同是购销合同、加工承揽合同、建设工程勘察设计合同、建筑安装工程承包合同、财产租赁合同、货物运输合同、仓储保管合同、借款合同、财产保险合同和技术合同。除合同之外的征税项目还包括产权转移书据，营业账簿，权利、许可证照。

(3) 税率　印花税的比例税率中最高税率是最低税率的20倍，见表6-11。

表6-11　印花税的比例税率

税率档次		应用税目
比例税率 （%）	0.005	借款合同
	0.03	购销合同、建筑安装工程承包合同、技术合同
	0.05	加工承揽合同、建设工程勘察设计合同、货物运输合同、产权转移书据以及营业账簿中记载资金的账簿
	0.1	财产租赁合同、仓储保管合同、财产保险合同
5元定额税率		权利、许可证照和营业账簿中的其他账簿

第十二节　税收征收管理法

1. 适用范围

凡依法由税务机关征收的各种税收的征收管理，均适用本法。

2. 税收征收管理法的遵守主体

1) 税务行政主体：税务机关。
2) 税务行政管理相对人：纳税人、扣缴义务人和其他有关单位。
3) 有关单位和部门：包括地方各级人民政府在内的有关单位和部门。

3. 税务登记管理

（1）登记的对象

1) 领取营业执照从事生产、经营的纳税人，包括：

① 企业，即从事生产经营的单位或组织，包括国有、集体、私营企业，中外合资合作企业、外商独资企业，以及各种联营、联合、股份制企业等。

② 企业在外地设立的分支机构和从事生产、经营的场所。

③ 个体工商户。

④ 从事生产、经营的事业单位。

2) 其他纳税人。上述规定以外的纳税人，除国家机关、个人和无固定生产、经营场所的流动性农村小商贩外，也应该规定办理税务登记。

（2）登记的时间和地点

1) 从事生产、经营的纳税人，向生产、经营所在地税务机关申报办理税务登记：

① 从事生产、经营的纳税人领取工商营业执照的，应当自领取工商营业执照之日起30日内申报办理税务登记，税务机关发放税务登记证及副本。

② 从事生产、经营的纳税人未办理工商营业执照但经有关部门批准设立的，应当自有关部门批准设立之日起30日内申报办理税务登记，税务机关发放税务

登记证及副本。

③ 从事生产、经营的纳税人未办理工商营业执照也未经有关部门批准设立的,应当自纳税义务发生之日起30日内申报办理税务登记,税务机关发放临时税务登记证及副本。

④ 有独立的生产经营权、在财务上独立核算并定期向发包人或者出租人上交承包费或租金的承包承租人,应当自承包承租合同签订之日起30日内,向其承包承租业务发生地税务机关申报办理税务登记,税务机关发放临时税务登记证及副本。

⑤ 境外企业在中国境内承包建筑、安装、装配、勘探工程和提供劳务的,应当自项目合同或协议签订之日起30日内,向项目所在地税务机关申报办理税务登记,税务机关发放临时税务登记证及副本。

2) 上述规定以外的其他纳税人,除国家机关、个人和无固定生产、经营场所的流动性农村小商贩外,均应当自纳税义务发生之日起30日内,向纳税义务发生地税务机关申报办理税务登记,税务机关发放税务登记证及副本。

4. 账簿、凭证管理

(1) 设置账簿的期限

1) 从事生产、经营的纳税人应当自领取营业执照或者发生纳税义务之日起15日内设置账簿。

2) 扣缴义务人应当自税收法律、行政法规规定的扣缴义务发生之日起10日内,按照所代扣、代收的税种,分别设置代扣代缴、代收代缴税款账簿。

(2) 财务会计制度备案时间 凡从事生产、经营的纳税人必须将所采用的财务、会计制度和具体的财务、会计处理办法,按税务机关的规定,自领取税务登记证件之日起15日内,及时报送主管税务机关备案。

(3) 涉税资料保管期限 账簿、记账凭证、报表、完税凭证、发票、出口凭证以及其他有关涉税资料,除另有规定外,应当保存10年。

5. 纳税申报管理

(1) 纳税申报的对象 纳税申报的对象包括纳税人和扣缴义务人,还包括在纳税期内没有应纳税款的纳税人以及享受减税、免税待遇的纳税人。

（2）纳税申报的期限

1）法律、行政法规明确规定的。

2）税务机关按照法律、行政法规的原则规定，结合纳税人生产经营的实际情况及其所应缴纳的税种等相关问题予以确定的。

（3）纳税申报方式纳税申报方式有三种：直接申报、邮寄申报、数据电文。

除上述方式外，实行定期定额缴纳税款的纳税人，可以实行简易申报、简并征期等申报纳税方式。

（4）延期申报管理

1）纳税人因有特殊情况，不能按期进行纳税申报的，经县以上税务机关核准，可以延期申报。但应当在规定的期限内向税务机关提出书面延期申请，经税务机关核准，在核准的期限内办理。

2）经核准延期办理纳税申报的，应当在纳税期内按照上期实际缴纳的税额或者税务机关核定的税额预缴税款，并在核准的延期内办理纳税结算。

第十三节 税务行政法制

国家税务总局可以通过规章的形式设定警告和罚款。税务行政规章对非经营活动中的违法行为设定罚款不得超过1 000元；对经营活动中的违法行为，有违法所得的，设定罚款不得超过违法所得的3倍，且最高不得超过3万元，没有违法所得的，设定罚款不得超过1万元；超过限额的，应当报国务院批准。

1. 税务行政处罚的种类

1）罚款。

2）没收财物违法所得。

3）停止出口退税权。

2. 税务行政处罚的主体与管辖

（1）主体 税务行政处罚的实施主体主要是县以上的税务机关。各级税务机关的内设机构、派出机构不具有处罚主体资格,不能以自己的名义实施税务行政处罚。但是税务所可以实施罚款额在 2 000 元以下的税务行政处罚。这是《中华人民共和国税收征管法》对税务所的特别授权。

(2) 管辖　税务行政处罚由当事人税收违法行为发生地的县(市、旗)以上税务机关管辖。

3. 税务行政处罚的简易程序

税务行政处罚的简易程序是指税务机关及其执法人员对于公民、法人或者其他组织违反税收征收管理秩序的行为,当场做出税务行政处罚决定的行政处罚程序。

4. 税务行政处罚的执行

税务机关对当事人做出罚款行政处罚决定的,当事人应当在收到行政处罚决定书之日起 15 日内缴纳罚款,到期不缴纳的,税务机关可以对当事人每日按罚款数额的 3% 加处罚款。

5. 税务行政诉讼的原则

1) 人民法院特定主管原则。

2) 合法性审查原则。

3) 不适用调解原则。

4) 起诉不停止执行原则。

5) 税务机关负举证责任原则。

6) 由税务机关负责赔偿的原则。

参 考 文 献

[1] 吴铭. 公司战略与企业文化 [J]. 科技视界,2015 (35): 263.

[2] 杨合力. 公司治理、政治关联与企业绩效 [D]. 北京: 清华大学,2013.

[3] 杨志远. 我国国有企业风险控制问题研究 [D]. 成都: 西南财经大学,2010.

[4] 李扬. 财政补贴经济分析 [M]. 上海: 上海三联书店出版社,1990.

[5] Tom Copeland, Tim Koller, Jack Murlin. Measuring and managing the value of companies [M]. New York: John Wiley and Sons Ltd, 1990: 56-65.

[6] 鞠洪儒. 国有企业在经济法中的法律主体问题研究 [J]. 法制博览,2018 (19): 182.

[7] 束幸珂. 票据业务风险管理案例分析 [D]. 南京: 南京师范大学,2014.

[8] 申鹏. 我国税收基本法立法研究 [D]. 北京: 财政部财政科学研究所,2014.